社會叢書

——社會文化篇——

臺灣社會的變遷與秩序

文崇一 著

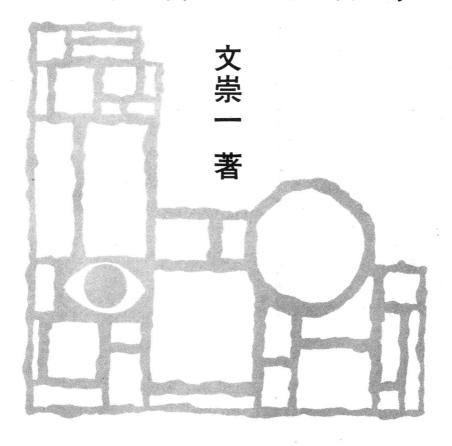

東大圖書公司印行

序　言

　　這些年來，由於臺灣社會在快速的工業化過程中，發生了許多不調適的現象；又由於對臺灣社會的研究和了解，以及傳播媒體的需要；便不自覺的因觀察所得而寫了一些短文。一方面批評因變遷所導致的許多失序現象，決策單位旣缺乏事先的規畫，又不圖事後的補救；另方面也批評社會大衆缺乏自我檢討的習慣，不僅人際關係日趨冷漠、疏離，也使混亂現象得不到疏解的機會，新的秩序便不容易建立起來。

　　做爲一個以研究或教書爲職業的知識分子，在這樣的情境下，究應如何自處，是一個值得重視的問題。有人說，研究學術的人不應該因社會事務分心，只要嚴守學術立場，做好研究就夠了。也有人說，研究者旣是社會的一分子，便不應自我孤立於社會中，必須運用學術良知，爲社會提出貢獻，況且研究者也無法遺世獨立，國家的政策到最後必然影響每一個國民。我個人認爲，在不妨礙原有工作的前提下，用文章提出一些個人的看法，作爲與他人溝通意見的方式，未始不是一種可行的辦法。在一個開放的民主社會，最值得鼓勵的就是提出自己的意見，而不是比拳頭。事實是，有些人知道一些現象，却不知如何說出來，例如工人、農民朋友，由於多半沒有受過操縱知識和文字的訓練，難以用文字表達；有些人對一些現象往往視而不見，或故意忽略，自然不會撰寫出來，讓其他的人看到。知識分子比較可以擺脫現實的利益，用批判的眼光，把所觀察到的現象，特別是異常現象記

錄下來，雖未必每件事都完全正確，總不失為一得之見，多少可以讓社會大眾或決策單位明白事實的另一個層面。

這樣做是否已經構成不務正業之譏？這要看寫雜文所占用的時間多少而定，如果在自己的專業範圍內，把學術知識用來解釋現實社會現象，相信兩者不僅不相互衝突，還可以收到互補的效果。從另一個角度去看，所謂正業，也沒有絕對的界線，做好研究、教好書是正業，寫一篇好的雜文，做一場好的演講，對社會來說，同樣是正業。關懷社會，固然是行政體系的專責，社會人士也有義務共同維護和監督，畢竟你、我都是社會的一分子，無權置身事外。

寫雜文也有一些困擾，有的讀者讀了不高興，就寫信來罵，說一些難聽的話。其實沒有必要，每個人都有表示意見的權利，事情往往有幾個面，說出個人的看法或提出批評就足夠，不必至於動肝火罵人。可是，有的人不這樣想，無可奈何。有的人坦白表示，他不喜歡研究者發表政論或時論文章，談些非研究領域中的問題。這就牽涉到嗜好了，簡直無法做進一步討論，你喜歡辣椒，我喜歡甜餅，這還能干預嗎？最後我們總是想，也顧不得這許多了，只要批評保持客觀，儘量中立，為社會提供一些儘可能持平的判斷，也就不至於浪費時間和精力。這並不是什麼知識分子的使命感，只是一種公民的責任或道義罷了。

收在本集的一百多篇文章，時間相當長，但大部分文章完成於近幾年。文章不以時間先後排列，而以性質分為七類，即衝突與開放，討論臺灣社會如何在衝突中尋求開放和秩序；政治民主，討論民主和政黨政治在臺灣社會運作的現象；行政的無力感，討論政策所面臨的許多困境；工業社會的倫理，討論建立工業倫理的重要性和可能性；文化往那裏走，討論文化的因襲和創造上的一些可能途徑；學術的自

主性，討論如何培養學術發展的獨立能力；知識分子的批判性，討論知識分子在臺灣的工業社會中，應該扮演什麼樣的角色。前三章，即衝突與開放，政治民主化，與行政的無力感輯為一冊，曰《政治篇》；後四章，即工業社會的倫理，文化往那裏走，學術的自主性，與知識分子的批判性輯為一冊，曰《社會文化篇》。所有這些文章，都是針對當時所發生的事件，提出個人的觀點或議論。臺灣幾十年的工業化過程，雖然獲得舉世矚目的經濟成就，人民的生活程度提高甚多，然而，付出的代價或社會成本也的確不少，環境污染日甚，犯罪率日高，投機取巧風氣日益嚴重，政府公信力日益低落，幾乎每一個部門都出現了危機，真是令人感到憂心。如果經濟成長後的生活品質竟如此低劣，那發展的目的是為了什麼？這是我們必須共同面對的現實，不能用轉型期把它輕輕帶過。寫作的基本動機也就在這裏，越早了解危機的所在，才越有可能扭轉危機，為社會人類找到一個新的起點。

　　本書各文，初次發表的報刊雜誌很多，藉此謝謝它們所給予我的機會。也謝謝東大圖書公司劉振強董事長給予出版機會。

文　崇　一

1989年11月於南港中研院

臺灣社會的變遷與秩序

《社會文化篇》

目　次

學術的自主性

知識分子的批判性

工業社會的倫理

倫理不是神話

　　這幾天，立法院又在鬧事，你罵我，我打你，從臺下鬧到臺上，又從臺上鬧到臺下。旁聽席上有人鼓掌，有人吹口哨。立法院外層層包圍，不知誰保護誰。我們做選民的，只能在電視螢幕上看看熱鬧，或在報紙版面上讀讀記者寫下來的話。有人說，他們當初也是選民選出來的；有人卻不承認，四十年前，大陸上選出來的不能代表臺灣。我們是眞正的選民，卻不能發言，因爲已經選了代表我們的委員在說話。他們說的，是不是就是我們這些選民要說的？不見得，因爲從來沒有人徵求我們的意見，或到地方上來問問我們要什麼。民主的意義是不是就是選些人在議會裏拿高薪、吵架？我們這些身爲選民的人民，眞的搞不懂了。

　　我們做選民的完全承認，幾十年前選出來的代表，的確不能代表民意，尤其是那些長年旅居國外、長年臥病、不能言語、不知言語的代表，有什麼理由還要在議會裏佔個位子呢？我們不懂，不懂他們的心理狀態，爲錢？退休也可以拿到錢，爲權？他們已沒有攬權的能力。我們常常喜歡強調儒家文化，在這種場合爲什麼就不強調了？孟子說：「羞惡之心，人皆有之」。就憑這一點，也該退一步想，回家去頤養天年了吧？旣不能爲人民服務，法統又有什麼意義？何況法統必須由選民支持，執政者的力量非常有限。這是議會的一面。另一面

卻總是吵着，不全部改選，天下事就無可爲，我們作爲選民的，也某種程度接受這種說法，可是，有很多政策性問題，並不牽涉到代表的比例高低，仍可以爭到正面的結果，爲什麼不多努力呢？

換一角度來看，地方議會是按正常規定改選的，又替選民做了多少事呢？我們經常在電視上看到議員對官員指着鼻子訓斥，但是，訓完了又有什麼用呢？水患、水汙染、空氣汙染、貪汙、無計劃的工作、不講效率、搶刼、噪音、特權，那一樣不是越來越嚴重？可見全面改選跟行政效率、跟政治理念，未必有全然的正面關聯。這不是吵鬧歸吵鬧，工作歸工作嗎？

於是有人想到，議會要有議會倫理。你知道，倫理的意義是什麼嗎？用一種中性的說法，就是共同遵守的規範，或共同遵守的行爲準則，或共同承認的是非標準，所以，實際上，它就是某一社會或某一社羣的道德原則。依照這樣的說法，不同的社會文化，顯然就會有不同的道德原則；不同的羣體，也會有不同的道德原則。這就是分化的起點，西方的議會，要理性討論，搞不懂的時候，就開聽證會，把懂得內情的人找來說個清楚明白，一次、二次、三次、多次的開下去，到懂得爲止；搞懂了還是爭論不休，也投票，投票的結果就是結束。西方的社羣也是如此運作，爲了推進工作，經常性的改選、爭論、表決，以解決問題。這就是他們的倫理或道德原則，大家都知道，大家都遵守，因而大家都可以預期行爲的後果，不管是輸還是贏。當然也有作奸犯科的事，那是違反規範的行爲。

我們的議會倫理是什麼呢？議會的議事規則，儒家倫理，還是西方式的議會倫理？如果是議事規則，首先碰到的問題就是，是不是爲大家「共同遵守」？如果是儒家倫理，那尊卑高下等級，用什麼標準去分，又如何使大家共同遵守？如果是西方的議會倫理，那「理性」

的基礎是什麼，又如何使大家共同承認和遵守？道德原則的基本要求是做得到、行得通；可以做爲判斷是非的標準，可以成爲行爲的準則。就像做生意一樣，如果商店片面的訂一套規則，品質不好不能退，售後沒有服務，價錢特別貴，這算什麼職業道德呢？結果，不是沒有人進店，就是一天吵到晚。

　　倫理不只一套，不同的文化和社會，就可以產生不同的道德原則或行爲規範，印度人死了，丟到河裏去永生；美國人死了，到禮拜堂去追思；中國人死了，請和尚道士念經超度。幫會裏做個手勢就代表承諾，義無反顧；工商業社會訂了契約，還可以打官司毀約。西方人結婚算年數，有紙婚、金婚；中國人結婚是一輩子的事，白頭偕老。這些都是不同的道德原則、社會倫理。

　　眞正能解決問題的倫理是獲得共同的承諾和遵守，否則沒有意義；社會倫理如此，議會倫理也是如此。我們的社會和議會都面臨一些困境，但願有識之士，能面對問題，爲社會國家長遠發展謀，不要囿於私人利益，不要迷信循私的策略。道德要求實踐，倫理不是神話。

（《中國論壇》25卷4期，76年11月25日）

工業社會的倫理

　　李國鼎先生在中國社會學社年會中發表演說，呼籲儘速建立新的人羣關係倫理，以適應工業社會的生活方式。當時，我是聽眾之一；後來，又從報導、社論、專欄，看到不少反應。這實在是一個值得大家討論，並設法解決的問題。如果不尋求解決之道，社會秩序將會越來越難以控制。

　　最大的問題就出在個人對大社會以及大社會中陌生人的態度。中國有幾千年的農業生活經驗，農業生活的基本特質是，聚族而居，鄰里關係親密，流動性極小，想法相當一致。不只中國如此，所有的農業社會差不多都如此。這種生活方式是歷史的累積，反過來也塑造了歷史。現在我們忽然工業化了，所面對的問題，不僅是要在工業環境中過工業生活，還要擺脫歷史傳統在思想和行為上，特別是價值觀念和社會規範，所給予的束縛跟壓力。正如李國鼎先生所指出，從熟人環境進到生人環境，應該有些新觀念和規範，用以鼓勵和約束行為。

　　我們可以把這種人際關係的轉變，看做「從特定羣體到普遍社會」的過程，從前的人只是在有限的羣體，如家庭、宗族、鄉里、親友中活動，這些人都與自己的日常生活非常有關，所以既不能得罪，也不能失面子。五倫的有等級性的道德價值，就是在這個體系中慢慢運作而成。以當時的農業社會結構而論，這些工具性價值，相當程度的

完成了它們的任務。現代人卻生活在一個幾乎完全不同的環境，鄉下人進城市，工人進工廠，學生上學校，不同職業的人在不同地區的人羣中工作，參加不同的社團。開始的時候，每個人都面臨着一些陌生的環境和陌生的人，它們跟你沒有傳統的親緣，用不上五倫，卻有切身的利害關係，你就必須有些新的價值觀念，來解決個人和大環境、大社會的新問題。這是個工業社會，我們可以把它叫做工業社會的倫理，也就是普遍性的倫理。我願意從下列三方面提出個人的淺見。

（1）強調普遍性的道德價值和制裁。我們原有的道德規範，多半是在特定的環境下應付特定的人羣，現在社會形態變了，有些已經不適用，但有許多還是可以用，只要能夠把對象從特定轉移到一般的人羣。例如恕，恕的意思是推己及人，也就是站到別人的立場去想想。以前應用這個觀念時，多半用在有「關係」的人身上，對於無關係的人，就未必這樣客氣。工業社會要求，對任何人都應該設身處地的去考慮問題，因為你不再只屬於小羣體，也是大社會的一份子；你的任何不妥善的行為，都可能造成他人，甚至整個社會的損失。如果把垃圾扔在路上、水溝、或公園，你就應該想想，這一行為，不僅僅增加了垃圾工人的工作量，破壞了環境的美感，污染了水資源，也使國人的道德情操，直接受到傷害。南港大坑溪對岸的橫科里，住有幾千戶人家，不知有多少人每日把垃圾倒進溪裏，不僅污染了環境、水質，也污染了自己的人格。這就是由於把大社會當做陌生人，沒有設身處地的去想一想；如果多考慮一下這種不良行為的後果，多用一點恕道的精神，情況就可能好些。

怎樣把這種恕道用於陌生人呢？我想這並不困難，只要能把大社會以及大社會中的人羣，當作與自己有直接「關係」的一部分。事實非常明顯，工業社會的人必須在陌生人中求發展，甚至求生存，我們

怎能把這種互相依存的關係加以破壞，而後追求自己的利益？

還有一些我國的傳統德目，如誠實、節儉、勤勞……之類，如能從特定的對象，擴充到大環境及陌生人羣中去，對工業生活仍然是有利的。

(2) 維護大社會的秩序與安全。在農業時代，不但經濟上自給自足，社會安全和秩序上也可以做到某種程度的自衞，因爲國家體系的整合性不那麼嚴密。所以，那時候的人，可以「各掃自家門前雪」，仍然相安無事。工業社會就沒有這樣高的獨立性，而存在着一種彼此相需的互賴關係，一個部門失敗了，其他的部門可能遭受到同樣的命運；反過來，成功的果實也是全社會的人共享。我國的工業發展和國際貿易是一個成功的好例子，假如社會的安全和秩序受到威脅，則整個社會就陷於混亂。不過，從另一個角度去看，大量的工廠廢水把河川海洋污染了，殺蟲劑把土地、生物污染了，不合格貨物把國際市場信譽毀了，有害食物把國人健康弄壞了，整個社會固然蒙受損失，工廠主、貿易商，也不會例外，這就是工業社會禍福與共的連鎖性。

最近新竹的大車禍，就是忽視了大社會的安全和秩序所造成的，一方面顯示，交通秩序已經混亂到無以復加的地步，行政單位卻想不出任何可以改善的辦法，好像那些有交通秩序的國家是另一個世界的人；另方面顯示，政府的行政權責劃分不夠清楚，以致一旦有事，不知該由誰負責，死傷一百餘人的大車禍，好像過錯眞的全在卡車司機。這件事也說明，我們如果不積極建立一套維護大社會共同安全的倫理，這個社會的秩序終將難以控制。

(3) 尊重平等的契約關係。中國人通常指責對方，「你說話不算話？」是一種很大的侮辱。這也是農業社會發展出來的口頭承諾，所謂「一諾千金」，說了就有效。工業社會的人也不是可以亂說，而是

人際關係擴大了，事務又太多，無法用承諾擔保信用，必須借助於契約。契約正是保障履行條件的最有效工具，而非彼此不足信賴。契約行為是工業社會的特徵之一，買房子、應聘、借款、租辦公室等等都必須訂立契約；尊重契約就成為每個人的信用。目前，臺灣這個工業社會，廢約或不誠意履行契約的事，經常發生，例如，銷售假製品或與樣品不符的貨物；故意不完成預賣房屋；亂接訂單，不按時交貨；利用特權，向銀行詐欺貸款；諸如此類，多不勝舉。這都是不尊重契約的平等性，使整個社會人羣的信譽，受到損害。

　　這裏僅就上述三方面，對工業社會的倫理提出原則性討論；進一步達成「愛護大社會，接受大社會中陌生人羣」的目的，還有待於每個人的誠意和努力。

　　　　　　　　　　　　　　　（《聯合報》，70年3月21日）

建立工業社會的倫理

　　倫理有兩個層面，一個是觀念方面的，另一個是行動方面的。例如誠實，首先需要社會大眾肯定，應不應該誠實，這是觀念；其次是要不要實踐或如何實踐誠實，說真話、履行契約、不開空頭支票、不詐欺，都是行動層面。這種觀念和行動層次的分野，實際非常明顯。從這個角度，我們很容易了解，行動距離觀念究竟有多遠。就如前面所說的，每個人可能都承認，誠實是很重要的；卻仍然有那麼多人公然撒謊，開空頭支票，詐欺親友巨額財物，顯然不把誠實當一回事了。如果許多人都把自己的親戚、朋友，乃至親戚的朋友、朋友的親戚做為詐欺的對象，像已經發生的那些經濟犯罪那樣，則這個社會將成為一個什麼樣的世界？

缺乏工業社會倫理

　　我國農業社會的關係，完全建立在五倫的基礎上，也就是把五倫以內當做一種關係類型，五倫以外當做另一種關係類型。現在五倫以內的關係也不可靠了，新的工業關係又尚未穩固，甚至還沒有形成，則我們賴以為行為指導的倫理依靠什麼？豈不成為一個沒有規範的社會？這樣演變下去，實在相當可怕。這也許就是為什麼李國鼎先生要

提倡建立第六倫了。

　　我在這裏想從另一個方向加以檢討。我國的五倫，除君臣一倫略有點職業或工作關係外，其餘各倫，三倫（父子、夫婦、兄弟）為家庭親屬關係，一倫為朋友。有時候可能加上一點同鄉、同宗、同年、或姻親、乾親之類的關係。這種親密的關係圈，應付農業社會的日常生活，也許還夠用；應付複雜的工業社會，就顯得不足了。我們的工業化過程又太快，一時之間，竟不知如何過日子了。都市裏湧進了一批又一批的農村移民，互不相識，卻住在一個地區，既不是親戚、又不是朋友，這該如何打交道？許多問題從此產生，最重要的就是缺乏工業社會的倫理。

工商社會職業道德

　　工業社會的倫理並不意味着要完全拋開傳統倫理，而是放棄一些不適用於工業社會的傳統規範，調整某些傳統規範，以及建立一些傳統農業社會所無而工業社會所急需的新規範，以維持工業社會的秩序。

　　工業社會的新倫理，以目前我國的社會結構而論，有三種最為重要，而且亟待建立，即是職業倫理，人羣倫理，和環境倫理。但建立新倫理並非一夜之間的事，也不是喊幾句口號，或幾個人提倡一下，就可以成功，而要靠社會大眾接受觀念，並身體力行。

　　（1）職業倫理。職業倫理實際也就是職業道德。我國原來是一個農業社會，職業結構比較簡單，屬於士農工商的行為規範也就比較少。一下子跳到工業社會，不僅工廠多、商店多，各行各業多，城市也多起來了。這即是，工作的項目越來越複雜，人與人的交往越來越頻

繁，交往的規則便越來越顯得不夠用了。例如，會計師簽證僞帳，龐大的工商業徵信失去意義；汽車停在黃線上，或快速通過斑馬線，而不受處罰，交通規則權威就無由建立；惡性倒閉幾億或幾十億，而可以一走了之，則社會信用盡失；某些特殊公職人員受賄，而可以免於法律的制裁，則誰還相信公務人員？公職人員的獎懲和遷降，沒有完全可信的正常管道，多由特殊關係決定的話，則政治競賽的軌道就毀了；還有，契約不能約束行爲，法律可以曲解，借了錢借機不還，工業用油賣給人吃，肉雞打荷爾蒙，蓋房屋不顧安全，賣僞藥，開僞統一發票……許許多多違反職業道德的行爲，眞是不勝枚舉。爲了社會的免於損害與獲得安全，難道不應該加強執行法律和維護善良風俗？其實，這並不需要什麼秘訣，只要加強行政體系的功能，也就差不多了。我們要知道，如果因循下去，不儘快建立工業社會的新職業倫理，受到傷害的將來還是這個社會的經濟體系，甚至整個社會體系，到那時就更不合算了。

人羣倫理緩和衝突

　　(2) 人羣倫理。李國鼎先生及許多學者曾經不止一次的呼籲建立工業社會的新人羣關係用以解決目前日增的社會危機。這是值得大家贊同的好意見。什麼是人羣間的倫理？就是人與人之間的行爲規範和道德標準。我國傳統農業文化中有幫助熟人而排斥陌生人的行爲原則，那時候無可厚非，大家都靠有關係的人過活；現在的工業社會的確不同了，大家都要靠生人才能過活。例如，你必須跟許多陌生人談生意，才能賺更多的錢；參加陌生的社團，認識更多的陌生人；住在公寓裏，與陌生人做鄰居；陌生的老闆，陌生的舞會、酒會、對陌生

人作政治演說，投陌生人的選票；幾乎所到之處，都是陌生的世界，你還能堅持原來的行為法則嗎？

衝突是難免的，利益的衝突、名的衝突，都可能使關係惡化；但解決的方法很多，妥協、讓步、談條件，都可以把衝突的情緒緩和下來，不必急於找對方算帳，鬥一個你死我活才甘心。如果大家都本存有一份理性的工業人羣倫理，彼此尊重，合理的容忍，這個社會就要和諧多了。

環境倫理講求公德

(3) 環境倫理。我所說的環境倫理也就是對環境的道德標準。我國傳統農業社會的居民對居住環境都不太講究，不僅相當程度的可以容忍周圍的髒亂，而且沒有公德心。這種觀念可能一直延續到今日，你只要注意一下在馬路上、汽車裏、公園、公共場所亂丟紙屑、吐痰的人就會知道，幾乎是男女老幼均有。吃完野餐，把塑膠便當盒丟在公園草地或樹蔭下，該是青年男女吧？節日一過，滿地滿街都是垃圾，顯然是許多居民既沒有公德心，又不愛清潔；工業家只管私人賺錢，把河川、空氣、海洋都污染了，把這些地方的多少生物都殺死了，有人把家裏的垃圾倒進屋後的小河裏，有人把道路上的垃圾掃進水溝……這末多的不道德行為，你能說他們是現代社會的都市人？難道就不能處罰嗎？我們真是一羣不可思議的人物，可以容許在人行道上開店，可以容許在慢車道上做洗車生意，還居然有人去光顧。

加重處罰徹底執行

我想，作爲一個現代的工業社會，這些倫理標準必須趕快建立，建立的方法不外兩途： 一途是加重處罰， 並且徹底執行， 慢慢習慣了， 就會成爲一種新的行爲規範； 一途是加強行動的教育和守法精神，大家都了解實踐新規範的意義，成功的機會就大了。

（《臺灣時報》，72年9月23日）

第六倫的困惑

《孟子‧滕文公》說：「使契爲司徒，教以人倫，父子有親，君臣有義，夫婦有別，長幼有序，朋友有信」。這大概是後來我們所說五倫的系統化之一。照早期的解釋，倫就是道或理，五倫就是五種人際關係的道理。不必說契，就是從孟子算起，也已經二千多年了。我們這個社會把一種社會規範用了兩千多年，如果還認爲不必有什麼需要改變，那只有兩種情況：一種是這個社會的生活方式根本沒有變，一種是這個社會的人的思想沒有變。不管是那一種情況，就工業社會的發展來說，都是可悲的，因爲這樣便無法應付工業環境的需求。

被傳統的五倫套住

一年多前，李國鼎先生在中國社會學社的年會上發表演說，由於感覺到「文化是一個整體，一個國家不能長期保有進步的經濟和落後的人民」，而強調建立第六倫的羣己規範，以挽救當前的社會頹風。一時曾引起廣泛討論，報紙、電視、廣播，都不斷推出有關主題，無不希望因而使社會風氣獲得若干改善。但是，很可惜，後來竟在斷斷續續中停頓了。

對於李先生所提「第六倫」的概念，我有完全同意的，也有不十分同意的；有作補充的，也有作另外的解釋的。不論從那個角度出發，大抵總是支持一個論點，國人對陌生人和陌生環境的態度必須調整。這個原因出自五倫的排他性，如果跟五倫拉不上關係，就視爲外人。我們社會中通常所用的幾句口頭禪，如「總不能把父母視同陌路」，「又何必見外」，完全是從五倫的關係中劃圈圈。中國文化中的義父母、乾姊妹、結拜兄弟，就是企圖突破原有的社會圈子，擴大人際關係，但不幸仍被五倫套住，無法推廣。到了現今的工商業社會，這個問題便越來越嚴重了。

也許有人認爲，幾千年都過去了，爲什麼現在要變？也許又有人認爲，第六倫也不見得就能解決問題？這是實在的，就因爲墨守成規過了幾千年，現在必須變了。我們的鐵犁牛耕也用了幾千年，現在變了；我們的織布機也用了幾千年，現在變了；許許多多的行爲方式，例如居住，從樹上、洞穴，到平房，到幾十層大廈，不是都已經變了嗎？整個的世界都變了，爲什麼五倫不能變？五倫只是五種規範農業社會行爲的方式，現在是工商業社會了，再加一倫、二倫，或更多的倫，應該是很自然的「道理」。不管是叫第六倫、羣己關係，或別的什麼名稱，我以爲都不重要，重要的是如何去改善我們對陌生人和陌生環境的態度，以免造成更大的公害。這種事應該不會再有人提出異議，現在的問題是，我們的行爲究竟在那些方面發生了問題，以及用什麼方法去疏解這些問題。

調整個人的行爲模式

對陌生人與陌生環境的行爲必須加以調整的，可能以下列幾類比

較迫切。

第一類是有關職業方面的。我們原來的農業社會，幾乎沒有技術和智慧上的秘密或投資，工業社會卻是靠發明與創新去獲得成就。可是，如果花了幾年甚至幾十年的新發明，一上市就被人仿製了，花了許多年寫成的小說，一出版就被人盜印了，以後誰還願意去做這種儍事？這類缺乏職業道德的行為，不僅造成個人的損失，也影響社會的進步，難道不該設法調整嗎？我們認為，個人與政府都有責任。

第二類是有關社團方面的。社團生活是工商業社會的特徵之一，這跟原來的家族和社區生活完全不一樣，面對的多半是陌生人。這些陌生人可能分佈在不同的職業團體和志願團體中，卻已成為我們生活中的主要部分，我們應該用對待熟人的方式去接納，否則也會造成損失。

第三類是有關環境方面的。不管是你有垃圾要倒出去，有痰要吐，有廢水、廢氣要排放，甚至要放鞭炮，要敲鑼打鼓，都應該想到，你現在是居住在人口密集的城市社區中，不能為所欲為，必須考慮到可能妨害別人。

每個人生活在工業社會中，要面對這麼多的陌生人、陌生團體、陌生環境，怎麼能不改變一些行為方式呢？

假如認為是需要的話，我們的傳播界、學術界、教育界、民間社團，以及政府有關機構，就應該立即提出具體方案，積極推動，以建立一個各方面都健康的安全社會。

（《時報雜誌》161期，72年1月2日）

道德與金錢應該並重

國人有句老話說：爲富不仁。那可能是指農業社會的地主階層，總是在地租上剝削佃農。現在企業家發的財更大，不知用些什麼手段，除了智慧、努力之外，是不是也得了些不當利益？例如逃稅、僞帳、詐欺之類。

我們爲了維持經濟成長，想盡各種辦法，可是，假如國民的衣、食、住、行都是一流的，而道德生活是三流的，這算是改善，還是惡化？我們當然不願意停留在低所得水準的生活；但如果只想到鼓勵所得數字往上升，忽略道德素質的下降；只有經濟標準，沒有符合這種經濟標準的道德標準；人人只想弄到更多的錢，而不管這些錢是怎麼來的。這樣的社會，如何去「安和樂利」？

我國本來是一個泛道德主義的社會，什麼都要用道德尺度去衡量，如今卻墮落到如此地步，問題究竟出在那裏？我們隨便想一想，貪贓、枉法、詐欺而逍遙法外者，有之；政策錯誤，尸位素餐而不受懲罰者，有之；濫用特權，包庇黑社會而肆無忌憚者，有之。諸如此類，眞是數也數不清。再看這幾天報紙的大新聞，不是搶刼、殺人，便是貪污、舞弊。我們做老百姓的不禁要懷疑，這個龐大的行政體系還在運作嗎？如果行政沒有效率，這個社會還有誰去管「誰是誰非」？

金錢也許不是敗壞道德的唯一因素，暴力犯罪也可能不完全因金

錢而起，然而兩者都對現存社會秩序產生極大挑戰和傷害。我們何去何從，顯然已沒有別的選擇，任人慾橫流，還是把道德情操提高？美國的社會學家埋怨他們只曉得讚揚「錢」的重要性，忽視了賺錢的道德過程，以致弊端百出。我們難道還要走同樣的路？

（《民生報》，73年5月24日）

從人際關係論社區互助

我國傳統鄉村社區有兩大特色：一是聚族或聚幾個族而居，世代住在一個社區中的人，不是具有血緣關係，就是具有長期的地緣關係，不是親戚便是朋友，不僅互相認識，而且彼此相當了解；二是這種社區居民的價值觀念的同質性很高，不但重視親戚、朋友，也重視相互間的一切交往關係。基於這種特殊關係，當時鄉村社區中的居民，的確產生相當高的地區從屬感和深刻的人情味。

社區性組織由來已久

雖然這種「關係」傾向於熟人間，對於不認識的陌生人未必適用，但以當時流動甚低的農業社會而言，跟陌生人打交道的機會非常少，這樣也就夠了。就是當時的城市街坊居民，他們也多半只是一羣由鄉村移居城市的小市民，彼此可能從不同的地方遷移而來，在價值觀念和社會規範方面的差異並不大，甚至完全沒有差異。

這樣的社區性質和組織，在中國歷史上，少說也有三千年了吧？住在這樣的社區中，由於同質性高，關係良好，因而產生高度的團結和互助行為，應該是毋庸置疑的事。

現代工業社會的居住環境顯然不一樣了，首先是工業化過程中的

舊工廠和新興工業城，使許多鄉村社區遭到破壞；都市化程度的增加和繼續擴大，不僅使原來傳統城市風格盡失，也使高樓大廈和公寓社區蔓延到各個鄉村，現階段的臺灣，無論走到那裏，都市或市鎮、鄉村，所看到的不是高大的商店、工廠，就是各形各色的公寓。那些地方，住滿了來自四面八方的人羣，既不認識，也沒有任何關係。每一個地方都是一些陌生人佔據了這個陌生的世界。

現代化結構關係疏離

這些陌生人有的來自農村，有的來自城市，有的出身工人或農民或商人階層，有的出身中產或企業或官僚階層。幾乎每個人的成分都不同，然而他們在同一個公寓或社區居住，或在同一個機構工作；或在同一場所社交；諸如此類。這就是把一些具有不同價值觀念和社會規範的人，無形中被強迫生活在一起，試問，這樣的公寓、社區、公私機構，如何產生內部的團結一致？更不必說互助了。

生活在這樣的社區中，居民的交往方式就成為我們關心的焦點，我們甚至可以假定：在當前工業化和都市化擴張的環境下，居住在社區裏的人，無論城市或鄉村，他們日常的交往行為，究竟有沒有一定的方式，或者根本就是混亂的？

加強互助宜雙管齊下

根據我們多次調查所得資料顯示，社區中的鄰居關係，大致有兩類型：一類是與鄰居交往較多，親戚、朋友次之；另一類是與親戚交往較多，鄰居、朋友次之。依照地區的性質來看，前者大致在社區中

居住時間較長，認識的鄰居較多；後者的居住時間較短，認識的鄰居較少。這種網絡關係，無論是集中於鄰居或親戚，都是要經過某些過程，才能產生交往行為，鄰居需要有認識的機會，親戚需要有交往的動機。根據一項國民住宅的研究指出，在社區中認識的人越多，互相幫助也就越多。

現在我們可以了解，如果希望擴大社區居民的互助，決不是做一點宣傳就會成功，而是怎樣讓社區居民有認識的機會。像現在的公寓社區、公寓大廈，彼此老死不相往來，又如何能互相幫助？我們認為，要加強社區居民的互助，下列二點建議，也許可提供參考：

(1) 用政策鼓勵社區居民組織自治或管理委員會，以及成立各種興趣團體，促使居民增加互相認識的機會。

(2) 用政策鼓勵社區公寓和大廈建造較多的公共設施，如多用途的會議室或交誼室、運動室或健身房、小型社區公園之類，促使居民有多方面建立人際關係的機會。

應廣建良好人際關係

無論從觀察或研究所得而言，我們深信，只有在社區居民認識較多鄰居、建立較好人際關係的條件下，社區中的互助才有可能。

（《自立晚報》，75年7月28日）

工業社會中的民間團體

　　蔣主席在執政黨的中常會上明白指示，應該加強民間團體的聯繫和溝通，並提供必要的支援和服務。相信執政黨的此一決策，不僅對黨員的行動有約束力，對政府各部門行政體系也必然有約束力或影響力。如果，行政院能據以提出實行和考核計劃，將來便可了解，各部門對蔣主席的指示，執行到什麼程度，這對發展民間社團也有很大幫助。

　　在農業社會時代，個人的獨立性不像現在這麼大，除了家，就是生活在同質性甚高的村落中。在一個村落，一住就是幾十年，彼此不僅相知甚多，互相依賴的程度也相當高。大家幾乎在同樣的環境下工作、休息和社交，這就是當年的家、族或村里，對居民所扮演的中介而積極的角色，而家族與村里也的確能發揮社會化的作用。

　　臺灣在經過幾十年的工業化和都市化過程後，當年的農業村落，已經起了很大的變化，其中，最重要的就是無法維持原有村落的高度同質性及社會化功能。這是因為，許多不同地區、職業、教育程度的人住在一起或工作在一起，使大部分居民都生活在陌生的環境下，加深了彼此間的疏離。

　　根據早期工業化國家的經驗，各種民間組織，如學術團體、職業團體、社區團體、興趣團體……，在工業社會中，對建立新的人際關

係，有很大的媒介作用。主要是，透過組織的規範和價值取向，任何組織都可能對其成員產生或多或少的影響力。

在現階段，如果我們真能用開放的態度，鼓勵各種民間團體去積極活動，不僅有助於社團擔任農業社會中家族村里的替代角色，對加強鄰里組織，建構新社區意識和人際關係，也會產生極大的作用。

不過，在推動的過程中，有兩方面必須特別注意：其一是現有民間團體的缺失是什麼？為什麼不能發生積極的作用？其二是鼓勵應儘量避免領導、干預之類的手段，以免產生反作用，如果長久的做下去，我們相信，不僅現時的社會疏離狀況會獲得改善。也可能建立具有中國文化特色的都市社會。

（《中國時報》，75年2月16日）

展望未來的社會秩序

從職業倫理到社會規範

　　從社會學的角度來看，去年這一年，的確是一個豐收年。壓抑了幾十年的人民的意識，似乎頃刻間覺醒了，從學生到婦女，從勞工到農民，從政治人物到知識分子，從農村居民到城市消費者，都提出了他們自己的意見。這樣看起來，眞是一個活潑富有朝氣的社會。社會改革，就靠這樣的力量來帶動，官僚組織可以要求人民付出些什麼，人民也可以要求官僚組織給予什麼，或滿足需要。這就是社會力的相互影響作用，彼此激盪然後達到目的。

　　這種五彩繽紛的社會現象，都與解嚴有密不可分的關係。在戒嚴的緊張狀態下，人民幾乎沒有表達意見的機會，好歹都聽命於政府，政府控制了一切可運用的管道。這顯然是不合理的，尤其是在越來越高度工業化的社會。政府爲了符合工業社會的開放與要求，不但緊急宣布解除戒嚴，而且開放黨禁與報禁，這是社會發展過程中的重要措施，因爲一種成熟的工業社會，不可能在戒嚴的軍事管制體系下繼續成長。

　　非常明顯的，解嚴後的社會不像以前那麼暮氣沉沉，許多以前不能公開活動的行爲，現在都出現了。在政治方面的民進黨、工黨之類，各爲自己的政治前途奮鬥，議會裏雖然吵得有點過份但比寂靜無聲要好得多；過多的街頭羣眾運動也令人生厭，但只要能夠避免暴力

行爲，也還是差強人意。政治本身就是爭權奪利，如果他們在權與利之外，還能爲實踐民主，爲爭取一般人的自由、平等而努力，仍不是一種壞事。在社會方面的社會運動和自力救濟，可以說是中國歷史上空前未有之事。中國歷史上曾經有過許多打打殺殺的偉大場面，卻都不是爲了爭取個人的權益，而是在野心分子鼓勵下的強迫行爲。這一年來的婦女運動、學生運動、勞工運動、消費者運動，乃至接管工廠、反污染、要求大陸探親等的自力救濟，都表現了人民爲爭取自己應有的權利而提出要求或抗議。這是眞正的民主過程，民主權利都是從官僚組織中爭取過來的，從英國開始，就沒有那個政府自動把統治權交給人民，說：「現在由你們自己去管理吧」。所以，和平而理性的爭權行爲，對被統治的人民來說，是民主政治必經的途徑，既沒有贈與，也不可能不勞而穫。在目前的環境下，無論是政治運動或社會運動，從解嚴後的立場而論，對民主政治的發展，似乎都是值得樂觀的。即使是自力救濟過多，議事規則缺乏強制力，仍必須從行政體系和社會成員各方面去檢討改進，而不是單純的發難事件。

也不是說，所有的社會現象都是令人滿意的，還有很多的事，令人感到遺憾，例如社會治安壞到極點，搶刧、殺人、強暴，隨時隨地都可能發生，居民好像完全沒有安全感；沒有安全感仍不只是這些，還有各種各樣的官僚向人民伸手要錢，各種各樣的商人販賣危害健康食品、仿冒貨物。這樣的行爲，居然在社會上一再的發生，不知是沒有人管，還是根本管不着？這對整個社會產生兩種危機：一種是沒有職業倫理，一種是嚴重破壞社會規範。它的後果就是社會上各階層人士，彼此互不信任，就會失去秩序。

職業倫理是每種職業所應遵守的道德規範，不管是各行業所特有的或一般的；特有的如食品業不能出售有害人體健康的食物，鐘錶店

不能賣假錶，做官不能貪污瀆職，開工廠不能污染環境，教書，做民意代表不能放棄責任；　一般的如貨眞價實，童叟無欺，　誠實而有信用，諸如此類。種種職業規範，擴展開來，幾乎就包括了所有的職業人士。社會規範則係指適合於整個社會人羣的道德原則和法律，範圍要廣得多，它具有約束和懲罰人類行爲的作用，也可以說是維持社會秩序的最有效手段。如果職業道德和社會規範不能發揮應有的功能，就表示這個社會已經面臨危機。

　　解嚴後，我們所觀察到的社會現象，有好的、生氣蓬勃的一面，也有不好的、脫離軌道的一面。最重要的還是需要社會上每一分子的覺醒，特別需要各階層精英分子的努力，不要強調暴力和脫軌，而爲工業社會所需要的新的職業倫理和社會規範，多樹立規模，多做點理性的示範行動，這對於塑造未來的工業社會秩序，當可產生積極的鼓勵作用。

　　　　　　　　　　　　（《中國時報》，77年 1 月10日）

文化往那裡走

文化的再創性

　　以當前臺灣所處的國際環境而論，情形相當尷尬：在經濟成就上，我們具有足以與大國抗衡的資本，只是缺少運用這種資本的人才；在政治民主和國家體制上，我們的成績單就不是那麼漂亮，雖然也正在努力的做；在文化發展上，我們就很難提出具體的成果，傳統的農業文化已經沒落到看不見的地步，工業文化又全是從西方抄來的。因而有人非常耽心，像這樣下去，中國文化將要擺到什麼地方。最明顯的例子是，教育制度的完全美國化，西門町的日本式青年次文化，日常生活中衣、食、住、行的西化，除了仍然用筷子吃中國飯菜，幾乎就沒有多少中國風味了。

　　看起來，這的確是件值得憂慮的事，我們的文化究竟將要萎縮到什麼程度才能再生，或根本就會淹沒在世界性的工業文化之中？這恐怕要看我們的努力以及中國文化再創的能力了。幾千年來，中國文化曾歷經鉅變，外族的軍事統治、非漢文化的干預、佛教文化的流行，以及內部的大動亂，都有可能把中國文化的生機斲喪，然而不僅轉換過來了，而且獲得再創的機會，在原有的基礎上，重新塑造了我們的文化形式，封建官僚組織和禪宗是兩個成功的例子。

　　我們似乎不必過於恐懼外來文化，事實上，所有的文化結構都含有傳播和創新的成分。重要的是，永遠停留在模仿、抄襲的階段，還

是有整合、再創的能力。以現實爲例，西方傳入的文化太多了，無論外表的建築、繪畫、流行服飾，或思想上的資本主義、新馬克斯、結構主義、依賴理論、世界體系，如果只是止於抄襲，把所有的理論都搬過來，像一個文化垃圾桶，那也沒有多大意義；我們最需要的是，把傳過來的異文化加以消化和整合，再創造一種新的文化。

（《聯合報》，77年 1 月12日）

民族與文化的不可分割性

　　我們通常談到文化時，最容易區別者就是所謂東方文化、西方文化，這是就其大者而論；小一點的，我們就會說，中國文化、日本文化，或英國文化、法國文化；再小一點來說，在中國有漢族文化、苗族文化，在臺灣有閩南文化、客家文化、原住民文化等。這就是說，文化多半以民族為單位而加以某種程度的區別，也就是一個單一的羣體，使用一些特殊的符號或象徵體系，作為溝通和認知的工具，例如語言、文字、裝飾、食品之類。

　　民族可以分裂，文化也會傳播，如果不同的民族或文化，經過長時期的接觸或傳播，就可能變成另一種混合式的民族或文化；其中如果有一種民族或文化特別佔優勢，也可能產生大吃小的現象，弱勢文化就被強勢文化同化了。這樣的事情，歷史上經常發生，現在第三世界對工業國家的依賴，如果越陷越深的話，有一天也可能為西方的工業文化所同化。這可以說是一種危機，也可以說是天下大同，把地球上的距離縮小了。

　　話雖然這樣說，有些東西卻不是那樣容易同化，或者根本同化不了，例如中國的家族體系和倫理觀念，西方文化中從來沒有發生過，也幾乎無法學習；就像我們要學習西方式的家庭道德一樣困難。儘管如此，這對於中國人跑到美國去做美國公民，接受美國政治文化的薰

陶， 並沒有影響； 馬來人、 印度人、 波蘭人雖然也有不同的文化背景， 照樣可以在美國領土內， 接受美國式的政治統治。顯然政治的力量可以跨越民族或文化， 一個國家內可以容納許多種民族與文化， 一種民族或文化也可以成立許多國家。這就在根本上推翻了以民族、文化或語言、文字作為國家獨立的藉口， 也已經不是構成國家或分裂國家的要件， 真正重要的可能是歷史傳統和所有居民的意願。

孫中山先生當年把民族和文化在一個主題下提出來討論， 相當符合歷史發展的事實， 兩者是不可分割的， 他認為重新詮釋固有文化的特徵， 可以提高民族地位。那時候我國還停留在農業社會時代， 是一種相當可行的策略。現在我們的工業化程度已相當高， 就不能再用那時候的尺度去解釋問題了， 而必須採用新的、 適合於工業社會的策略。其中最重要的兩種就是， 政治民主和工業民主。政治民主是指國家民主政治的普遍化， 消滅特權； 工業民主是指組織內， 特別是工業組織內， 勞力和資本在決策上的合理分配， 沒有剝削的現象。這種政治文化， 相當符合工業社會的理性基礎， 也很符合民族文化上的自由、平等的精神。

（《中國時報》， 76年11月12日）

科技與人類命運

這次蘇聯核電廠的災變，給了核子技術專家們一個活生生的忠告，即使是幾萬分之一的危險，說不定就在下一秒鐘發生。到現在為止，沒有人真正知道死傷了多少人，以及損失到什麼程度；也沒有人真正知道，究竟為什麼發生了這樣大的災難。技術錯誤，還是管理不善？

人民怎麼死都不知道

我們可以相信，核電廠附近的居民，一定不曾做過應付災變的演習。當災難來臨時，有的人死了，有的人受傷了，但沒有人知道為什麼。蘇聯政府有絕對的權力封鎖新聞，命令居民撤退。不僅是附近居民，就是整個國家的人民，也不知道已經發生了可怕的核災難，一直到別國公開的指責和干預。在政府利用高度的權力控制下，人民不只是被當作犧牲品，連知的權利也被剝奪了。

美蘇兩國的太空競賽，是技術發展的另一種模式，一方面表現在太空探測的成就，另方面也是軍備競爭的太空角力。沒有人知道，兩個國家這樣的長期比賽，究竟在人力和經費上有多大的損失。競爭的目的在那裏呢？無窮的準備，甚至包括洲際飛彈、核子彈頭在內，就

爲了等待那一天，引發一次毀滅性的核子大戰？

我國的工業化可以說是開發中國家的技術發展模式。我們也有核電廠，核電廠也發生過火災，雖然沒有人員的重大傷害，也足以令人膽戰心驚了。我們不是高科技國家，談不上與先進工業國家的技術競爭，但就是在這樣的條件下，我們的生存環境已經受到威脅。再過若干年，也許不僅沒有可供利用的海洋、河川、綠地，更沒有適合於生存的空間。工業化難道就是爲了要把自己趕進一個這樣可怕的絕境？

核爆能使地球生物絕種

根據一個命名爲「核子多天」的研究報告說，核子武器試爆的結果，將可能使地球上的生物絕種。科學家說，一次核子戰爭，可能將全球四十億人口殺死，或因核子塵引起氣候變化而影響糧食生產，使大部分人類餓死。美國一百多所大學的六千多名科學家抵制「星戰」計劃，看起來是有充份的理由，除非要導致人類自取滅亡。

美蘇兩國，由於惡性的軍備競爭，演變爲技術競爭，用更高的技術製造更具毀滅性武器，他們似乎已經忘記了，技術的目的在那裏。表面的理由是防止敵人的攻擊；說穿了，無非是想單獨取得世界的領導權。在這種情況下，兩個軍事超強國家的爭霸戰一旦開始，全球人類的命運就難以確定。

依我們的判斷，他們是不會停止的，因爲彼此猜疑，無法坐下來談判；即使談妥了條件，也會因執行困難而破裂。這可能是一場無法避免的殘酷的戰爭。不知道那一天，碰上一個瘋子，突然開啟戰端，於是各種儲存的飛彈、原子彈統統爆炸，把整個世界毀滅。這不是危言聳聽，而是政府的權力太大。

　　從世界事務來說，我們是一個開發中國家，對於這種超強技術的發展，我們沒有發言權。然而，也正因為如此，我們沒有理由完全跟隨他們的步調。以核子發電為例，目前還有許多技術上的問題待克服，何妨等待數年，再定發展策略，不必急於以佔有核子發電量的名次而自豪。

為工業化付出大代價

　　幾十年來，我們引進了許多工業化的技術，經濟成長後，的確提高了人民的生活水準；然而，我們的損失也夠大，河川、海域、空氣、土地污染到難以忍受的程度不必說，社會道德也敗壞到了極點。這根本不是什麼世風日下，而是人謀不臧所造成的後果。像所有的工業化國家一樣，政府，特別在技術官僚下控制的政府，有非常大的權力去從事技術發展，人民無從過問。等到一旦錯誤鑄成，回頭已來不及了。試想想看，從前我們可以在新店溪釣魚、游泳、划船，現在呢？我們不禁要問，技術，尤其是核子技術的發展，究竟是為了改善人類的生活品質，還是為了增加政府的控制權和加速人類命運的惡化？

　　　　　　　　　　　　（《時報新聞週刊》，75年6月8日）

提升文化建設的功能

我一直不太了解，什麼叫「文化建設」？因爲從「文化」的定義來說，所有的建設都是文化的產物，所有人類活動或思維的成果，也是文化的產物。我們如果要把某些特定項目叫做文化建設，當然也可以，但必須作較爲明確的劃分，否則，就很不容易掌握問題，徒滋紛擾。比如說，有人認爲，普遍性的建圖書館、音樂廳才是文化建設；又有人認爲，因地制宜，發展民間藝術的獨特性才是文化建設。其實，都有些道理，只因標準不同，界線不清，乃至意見不一了。

所以，文化建設似乎不應該停止在圖書館之類的純公共建設設計上，而應該升高層次，注意一些更積極而基本的結構上的改變，誘導國民在性格和行爲上作更大的調適，以迎接未來工業環境的生活，可以注意的問題有三個：一是文化背景，二是模式行爲，三是國民性格。我們在做這種設計時，斷不能以設計人的主觀喜好爲依據，因爲不僅要使大家接受，而且要樂於接受，並繼續發揚。

(1) **文化背景**。大體而言，中國文化的同質性相當高，例如儒家大傳統的普遍性。但是，異質性仍然存在，例如不同地區間的差異，不同時間上的差異。最大的不同，莫過於農業文化之於工業文化。我們現在發現許多問題，例如，社區公共建設一直沒有人維護，垃圾總要扔在路上、公園、河溝，污染法也禁不了空氣、水污染，這一類的

事，多半與文化傳統有些關聯。中國人向來聚族而居，社區事務，如不是由族人共議，便是由慈善家去做，這顯然是農業文化特徵之一；住在農村裏的人，看到的全是曠野，到處可以利用，更不會有污染、垃圾問題，這自然也是一種農業文化；在相當大的程度內，中國傳統的祖宗家法，遠比國法有效得多，這種態度可能影響到對法律的認知精神，甚至非故意的忽視法條規章。我們在討論文化建設時，就應該特別注意改變這類傳統。例如，制訂政策，並加強執行，使社區居民：不亂倒垃圾，不隨意吐痰，尊重法規，熱心參加並保護公益事務等等。這就是把農業文化傳統，適度的加以運用或改變，使不只合於工商業社會的需求，且創造了新的文化模式，並爲建立新的工業文化奠基。否則，我們即使整修了更多的水溝，蓋了更多的音樂廳和美術館，過不了幾年，就會荒廢得一無用處。稍微回顧一下社區發展的成果，就不難發現，當年的許多建設，現在已經沒有用處了。

(2) *模式行爲*。這裏所說的模式行爲，係指大多數國人的行動類型或行動方式。例如，喜歡在背後批評別人，對生人不大信任，對道德的要求比較嚴格等等。這種行爲表現在公務或社會事務上，也有類似的現象，例如，制訂了好的政策，卻不切實，不認眞去執行；爲了國家目標，儘量喊口號，卻不去檢討如何達成這個目標。諸如此類，都是重表面，而不重實際的行動方式。如果推論到文化建設，顯然不應停止在建幾個圖書館、幾個文化中心，這種表面的層次上，應該進一步設計，利用文化中心的設備，作些改善行爲方式的工作。因爲這類陽奉陰違，口是心非的態度或行動不改變的話，對文化建設的長程目標是無法達成的。文化建設不在於提出口號，不止於公共建設，而在於完成更高層次的使命——卽在經濟成長的過程中，提高人民的生活品質，在物質和精神上有較好的生活條件，在行動上有較積極的成

就感。所以，文化建設的首要工作之一，就是要把某些不良的和不合適的行爲方式加以轉變，重組新的模式行爲，以應付將來愈益複雜的工業環境。用我們的一句俗話就是「移風易俗」。

（3）國民性格。俗話說，「人心之不同，如其面」，可見每個人有些不同的性格。但是，不可否認的，也有許多相同的地方，如勤勞、節儉、不太願意冒險、重視習俗、服從權威等等。這類性格，在全國有相當高的普遍性，這是從農業社會發展出來的，用來應付工業環境，部分就嫌不足。因爲工業社會的人強調應變能力、冒險、創新，以期獲得更多的利益。文化建設似乎應向這方面作較大的努力，無論是改變態度以應付環境的需要或是爲了需要而改造環境。這也就是要改變一些性格，塑造若干新的社會性格。這些性格將有利於新的文化建設，例如，把家族觀念轉變爲社區意識，把感情的地方主義轉變爲理性的興趣團體，中國人的性格並不是一成不變的，所謂儒家傳統，爲漢以後所逐漸形成，宋以後顯然已有很大差異。現在是一個工商業時代，文化建設必須爲塑造新的國民性而努力。

文化建設，自物質方面而言，自需在科技、建築、造形藝術、日用品等的創新，作出更大的成就，以提高國人生活品質；但必需同時在非物質方面，如價值觀念、行動方式等，也有更大的改變和發展，才能眞正創造一個現代社會，一種適合於工業環境的文化。否則，不但仍是浮面的，而且容易流於形式，難以達成任務。因而，我們認爲，文化建設應該提升它的層次，才能達成國家現階段的任務，而不止於地方性建設而已。

（《臺灣時報》，69年9月14日）

調整文化建設的方向

　　要怎麼樣去建設文化，的確是件難事。首先碰到的難題是建設什麼文化？其次是如何去建設。假若把建設解釋為兩種意義：一種是創新，創造新的物質的或非物質的文化；一種是重建，把舊有的物質的或非物質的文化修修補補；它的包容性顯然就大了。不過，無論是創建或重建，都有幾分危險性，因為你無法肯定居民是否願意接受或認同新的文化特質；如果不願意的話，那就表示建設多半要面臨失敗的命運。

　　建設什麼文化，恐怕由不得幾個人去選擇、決定，而是要從觀察社會的需要做起。以目前情勢而論，屬於物質文化的文物、藝術，固然值得提倡、重建或創建；屬於非物質文化的某些制度、倫理、人際關係之類，可能更值得追求。我們處在這個文化轉型期的社會中，許多舊有的價值標準失落了，每個人都有些徬徨無依之感。昨夜來借錢的親戚，今天就逃跑了，這叫人如何相信？十幾二十歲的年輕人，大白天拿着槍桿在街上橫行霸道，搶刼、殺人、強暴，無所不為，這叫人如何看得過去？這能不能算是文化失調了？如果是的話，我們總得想個法子把它找出來，失調在那裏？這也可能就是社會所迫切需要的。

　　這樣的事也許太難做了，唯其太難，才需要專門人才、專門機構

來設計、推動。例如，找出家庭制度可能的發展方向、宗教在現代社會會變成什麼樣子、那種形式的社會關係可能建立？研究和推動起來也許會遇到不少困難，可是總得設法把居民行爲導入可預期的途徑，否則，社會秩序如何維持？我們想想，民國以來，多少行爲方式是從外國傳入的，法律、民主政治、自由戀愛、服飾、髮式、皮鞋……雖然有點亂，不是也相當成功了？

退一步說，從提高生活品質着手，可做的事就更多：社區居住環境亂到了可怕的程度，鐵窗、霓虹燈、招牌，沒有一點秩序；觀光休閒地區不僅過少，而且髒亂得像沒有管理，看了就使人生氣，那裏還有玩樂的興趣？

我們不知道文建會有多大的權力與雄心去處理這類事務，但是，如果把建設文化的範圍擴大些，推及日常生活、行爲規範、價值觀念之類，必將有助於居民生活方式的重建或創建。至於說用什麼方法去做，文建會是專業機構，理應有這方面的智慧，就無需費辭了。

（《民生報》，74年1月14日）

我們需要什麼樣的文化建設

　　一般而言，文化不需要刻意去建設，日常生活所留下來的，一代傳一代，日子久了，就是文化。例如說，殷周以來的文字，儘管歷代有些變化，卻一直流傳到今天；杜甫、李白的詩，我們現在還在吟誦；幾千年來，筷子的形式沒有什麼改變；橫笛、胡琴也沒有什麼改變。這些歷史上留下來的東西，物質的和非物質的，都是我們的文化。不管是漢代的笛，還是唐代的詩，都不是有意的為了文化建設，只是一種生活上的遺留。

　　現在我們強調文化建設，顯然是有意要做些什麼，和不要些什麼。換個角度說，就是打算保留那些舊文化，創造那些新文化，以及去掉那些不合適的舊文化。這就值得我們熟慮、深思，然後採取行動。不然，可能後患無窮。

目標是什麼？

　　首先我們要問的是，文化建設的目標究竟在那裏（我們無意討論文化建設委員會的宗旨或目標，那可能已有條文規定）？也即是，從目前的工業社會形態來說，我們應該積極去建立什麼樣的新文化，以及選取或消除那些舊文化，才能產生一種適合於工業社會的新文化體

系？這要從兩方面來討論，一方面需了解我們缺少了什麼，另方面是多了些什麼。文化旣然是一些生活方式的特質，少了不行，多了也沒有用。

從若干日常生活現象來看，我們發現，的確缺了些約束行爲的規則，一些優良的傳統價值觀念沒有獲得適當的發展，許多民間藝術快要失傳了；而另有些不合適的傳統觀念和行爲仍在繼續，外來文化沒有選擇的加以吸收，諸如此類，可能就是從事文化建設者需要努力的地方。這類現象，如果加以分類，大抵有下述的幾種。

（1）屬於非物質文化方面的：①家庭教養；②學校的公民訓練；③社團合作精神的陶冶；④職業團體中的道德訓練；⑤社會上高尙道德情操的實踐與讚揚；⑥鼓勵制度上的改革和創新；⑦鼓勵創造和發明；⑧推動民主而公平的自由社會信念等。

（2）屬於物質文化方面的：①高度的科技及其知識；②各種民間技藝；③優良的文學、藝術；④多樣性的文化中心或圖書館、博物館、美術館、音樂廳；⑤理性化的傳播媒介工具；⑥環境清潔、飲食衛生、居住安靜、交通安全等。

這只是其中的幾種，可以列舉的還很多，我想沒有必要。假如把「非物質的文化」抽象化爲「制度和觀念」，把「物質的文化」具體化爲「物質」，則明顯的可以了解，文化建設的目標實際包容兩個重要層面：一是物質建設；二是制度和觀念的建設。兩者並無輕重，但實行起來，後者可能比前者尤難。不過，從文化建設的極終目標來說，後者可能比前者尤爲重要。

對象在那裏？

所謂文化建設，決不是新造一種全新的文化，或把原有的毀掉重建一種文化，這不但不可能，也沒有必要；而是用挖挖補補的辦法，把某些壞的、不合適的去掉，把另外一些好的、合適的予以發揚光大或引進來，使原來的文化傳統更能向前發展，更具有活力。其實這就是說，那些人在觀念和行動上需要改善，那些制度需要修正，以及那些具體的文化特質需要加強和補充？

這可以從幾方面來討論。其一是觀念與行動方面，由於快速的工業化和都市化過程，許多人在這方面出了問題。例如都市裏的農村人，他們剛從農村遷入都市，一切生活習慣無法突然改變，甚至不知改變，就帶來調適上的困難，自己受害，別人也跟着受害。最常見的是，不注重居住環境，不容易建立新的人際關係，難以接受都市規範。另有一種人如經濟詐欺，又是過於了解都市社會，經常利用都市社會的疏離特點，而在親戚、朋友、故舊間借貸、打會、或投資，達到騙錢的目的，然後遠走高飛。一方面是利用傳統上這些關係的互相信賴，另方面又利用都市社會關係的隔離，使詐欺之徒不但逍遙法外，而且破壞了原有的社會秩序。這是一個很嚴重的問題。試想，如果社會秩序都亂了，再多的文化中心、民間藝術又有什麼用？另一種人是特權階級，利用特權以達到私人政治或經濟上的目的，這類人的行動無視於社會規範，無視於國家利益，很容易引發社會的不平和憤怒，屬害的時候，對社會的腐蝕作用非常大。類似的問題還很多，文化建設必須設法對這樣的人作出一些對策，使他們的觀念和行為獲得改善，以符合和諧、整合社會的要求。

　　其次是制度方面，制度是因人的需要而形成的，所以許多農業社會的制度，到了工業時代就必須調整，或另創一套制度，以應付工業社會的需要。以家庭制度爲例，就值得我們去深思，在長期定居的農業社會所發展出來的中國家庭制度，對於流動性高的工業社會是否完全適合？如果需要調整，應該調整那些？隨其自然發展固無不可，但問題可能會更多些，爲什麼不設法做點有計畫的變遷？例如我國家庭一向負擔子女教養的重要任務，現在似乎越來越不管用了。怎麼辦？如果不能重振家庭原有功能，用什麼代替？學校是另一種制度，透過知識、行動、組織、相互影響等關係，把年輕人塑造爲國家、社會所需的人才，但是如果學校淪爲只能提供知識的工具，則青年教養就脫了節，不完整。長此以往，你還能責備年輕人的越軌行爲？甚至什麼是「越軌」，他們有時候都不太清楚，更不用說變化氣質，加強創造性格的培養了。

　　第三是具體的物質文化方面，例如已經在倡導的藝術、民俗、古蹟之類，以及還有待進行的衣、食、住、行、娛樂之類，這些都是明顯而易見的活動，但要有效的改進、提昇，仍不容易。最重要的是，傳統文化在生活上的兩種界線，現階段必須在行動上有所突破：一是中國文化所表現的士紳階層和農民階層，在工業社會中應縮短或拉平其距離，因爲知識和職業間的差距將越來越小；二是農業文化生活中的季節性休閒方式，在工業社會中必須設法全面調整，否則，縣市的文化中心，或圖書館、博物館將難獲得居民的支持，何況這些館中甚至沒有什麼東西值得看。

　　臺灣的面積本來就小，地區的差異性也不大，在這種情況下，要發展每個地區的文化特色，有多少可能？如有若干可能，就不得不設法同中求異，然而，這不是縣市文化中心或博物館所能負擔的工作，

必須有機構深入研究，找出它的可行性。

　　不管是藝術，還是日常生活，要獲得進一步的改善和成就，多數的參與是必需的。而如何提高參與程度，以達到提昇目標，其困難可能不下於工作本身。這實在是件麻煩的事，究竟是在溫室裏養幾朵美麗的花，還是把種子撒到曠野的泥土裏去？

用什麼辦法？

　　從前述各節，我們了解，文化建設的目標以及那些人和那些事需要改善，現在我們就可以問：用什麼辦法才能達成目標？這是挺重要的，如果不知方法，或用錯了方法，目標再正確也是徒然。目前行政效率的普遍低落，就是在方法和執行上出了問題。例如，許多汽車司機常常把頭伸出車外吐痰，這一惡習幾乎從不見改善、寫文章勸告，他們根本沒有時間讀報章雜誌；　演講，　更沒有時間和機會去聽；　處罰，那有這麼多警察，何況罰不嚴？勸告這部分人的唯一辦法，我看就是利用交通電臺，邊走邊聽，也許會產生一點說服的作用。

　　這只是說明，宣傳也要利用有效的工具，如果掛幾塊標語，那是想說服自己而已。傳播工具，特別是報紙和電視、廣播，有很大的刺激力和傳播力，乃至加強認知，但未必能產生強制實行的力量。在這裏，我幾乎相信經濟學家的說法，行動必須與利益相結合，我們應該研究出一套獎勵行為的可行辦法，不要企圖每一個國民都是聖賢，也不必都做聖賢。獎勵可以和懲罰並行，如果能徹底執行的話，某種程度的效果是可以達到的。

　　最後，本文要強調，文化既然只是某一羣人行為的象徵，文化建設也就只是選擇某些特定象徵加以提倡而已。它的成功或失敗，推行

固然重要，選擇可能尤其重要；如果選擇不當，則居民接受的程度必然降低。沒有大量居民參與的文化建設，即使不流於紙上談兵，也無法達到預期的成果。

（《中央日報》，73年 1 月17日）

文化復興與創新

假如我的了解不錯的話，「文化復興」在本質上應該有「文化再興起來」的意思。再興起來，總不至於和從前一模一樣，多少有點「創新」的成份在內。我們歷史上常說「光武中興」，光武畢竟不是漢高或漢武，社會文化結構還是有許多變異。而且，我們看到中華文化復興運動推行委員會的機關刊物「中華文化復興月刊」的英譯用了 Chinese Cultural Renaissance Monthly 這個名稱，更堅信「文化復興」一詞必然具有若干「創新」的意義與精神，而不是復原，復舊，或復古。我們知道，Renaissance 一字是用來描寫中古世代歐洲的文藝復興運動。這個運動，一般地說含有兩種重大的意義：一是社會從中世紀轉變到近代；二是人民對知識和道德的態度發生了鉅變。所以，要了解文藝復興的眞正價值，應該從「變」的方向去着眼。文藝復興以後，歐洲社會多半是變了，但那不是古代的，也不再是中世紀的，而是近代的。近代社會的特徵，從某一方面來說，最顯著的也是我們所經常強調的，就是：科學、民主、自由。

事實上不管你願不願意，或提不提口號，社會文化總歸是在不斷的變。只是，願意的話，可能變得快些；有口號，可以找出變的重點，所謂有計劃的變遷。從這個觀點看，「文化復興」運動顯然是一種有計劃的變遷，這種變遷似乎是想把中國傳統文化的許多優點加以

承受，發揮，或擴展，乃至於創新。這是非常合理的想法。不過，我
們做起來時必然會遭到不少困難：第一，我們究竟該挑出那一些優良
的傳統文化來加以發展？挑選的標準是什麼？第二，文化的發展是連
續性的，假如挑定了一類，比如孝，究竟是採用孔子的，孟子的，董
仲舒的，還是朱熹的？他們間的差別仍然相當大。第三，肯定一種文
化現象的好或壞，是以當時的社會價值爲標準。我們的價值觀念顯然
與古代不同，這中間的差距應如何去調節？甚至有些觀念根本無法調
節，怎麼辦？第四，由於社會，文化以及心理的因素，多數人是不願
變的，因爲任何變動都可能影響到個人心理或行爲的平衡。如果人民
已習慣於現代社會的生活方式，古代倫理應如何去配合。這些問題都
不是容易解決的。上面祇是隨便舉幾個例子。像這類問題，考慮不週
的話，就可能引起反效果，這當然不是文化復興的本意。

以倫理觀念來說，也多半有它的時間性和地域性，我們絲毫勉強
不得。比如美國人的基督教倫理就不是中國人所能接受的，反過來，
要美國人學我們去孝順父母，也是行不通的。實際上就以我國而論，
倫理價值也非一成不變。我們就從孔子說起罷。孔子認爲，「孝悌
也者，其爲仁之本與」（〈學而〉）？這句話一方面說明兩者間的關
係，另方面說明孝的重要性。因爲仁是孔子倫理思想的本體，是個人
至高人格的象徵；孝就是用來表現這種人格。「孝，始於事親，中於
事君，終於立身」（《孝經・開宗明義章》）。孝不但是個人行爲的
準則，也是一種社會規範，並且與政治結合在一起。到了孟子時代，
仁就不再是諸德性的總體了，而只是一部份。〈梁惠王〉上說：「未
有仁而遺其親者也，未有義而後其君者也」。仁與義變成孟子倫理思
想的雙翼。雖然他也強調「父子有親，君臣有義……」（〈滕文公〉
上），但孝已不是一切行爲的準則。就在孔孟的同時到戰國晚期，乃

至漢初，老莊楊墨以及韓非等人的「非道德」觀念且不談（其實這些人的觀念曾經使儒家倫理遭受到很大的挫折），即使是荀子也不得不另提出一種「禮」的觀念來修正孔子所強調的仁及孟子所強調的義。

儒家倫理終於得到極大的發展，並奠定了統治中國倫理思想的基礎，是從董仲舒開始的。董仲舒把儒家學說加上陰陽五行的理論，發展為他自己的「天人」法則，而使儒家一變為具有宗教色彩的儒教，這是他的一大發明。他說：「天者，萬物之本，先祖之所出也」（《春秋繁露・觀德篇》）；又說：「父者，子之天也；天者，父之天也」（〈順命篇〉）。天人關係就這樣建立起來了。他雖極端尊重孔孟，但對仁義的解釋並不一致，他說：「春秋之所治，人與我也；所以治人與我者，仁與義也……仁之法在愛人，不在愛我；義之法在正我，不在正人」（〈仁義法篇〉）。他用人我的觀念來說明仁義的內含，顯然不是孔孟的本意，而是為了要依附他側重教化的理論，以動機論的新說去討論社會問題。

董仲舒替儒家所開創的風氣維持了一個相當長久的時間，到東漢末年才引發了王充的挑戰，最後為曹操所破壞。西晉曾經標榜以孝治天下，但未得到預期的效果，反而使釋道的倫理思想擡了頭。一直等到韓愈出來，儒家才有機會再吐一口氣。

韓愈說：「博愛之謂仁，行而宜之之謂義；由是而之焉之謂道，足於己無待於外之謂德」（〈原道〉）。他的所謂道德行為就是結合仁與義二者，形式上與孟子同，但本質上擴大了原有的界限，他並且用這種思想去反對老莊和佛教。他又依照《白虎通》的原意確立五性（知、義、禮、智、信）七情（喜、怒、哀、樂、愛、惡、欲）之說，以描寫人的性格，這對於後來的影響很不小。

韓愈以後，儒家倫理在宋明理學家手裏又得到一次發展的機會。

這裏我們祇提出朱熹來談談，因爲他是繼周（敦頤）、張（載）、程（頤、顥）之後集理學之大成。理學之一大特點是所謂「心卽是理」的心性學說。許多人認爲這是受了禪宗的影響。禪宗不談現象，而以「直覺頓悟」爲了解事物的方法。很顯然，理學家們在這方面的造詣確是相當傑出。如朱熹所說，仁義那一類的東西是性，表現仁義的是心，而表現惻隱之類的感情則是情，「性者心之理也，情者性之用也，心者性情之主也」（朱子《學的‧天德》）。這是用心性的理論把孟子學說作一種新的解釋。接着他認爲，只要用「心」就可以理解一切，「天下雖大，而吾心之體無不該，事物雖多，而吾心之用無不貫」（〈天德〉）。然後「窮理以虛心靜慮爲本……致知格物，只是一事。格物以理言，致知以心言」（《學的‧窮理》）。由於朱子特別強調心性，倫理觀念就被引到另一個極端，「天下之本在君，君之道在心，心之術在仁義」（〈道在〉），因而引出了他的「仁莫大於父子，義莫大於君臣」（〈道在〉）；「臣之事君，猶子之事父」（〈道在〉）；對於父母「事生固當以愛敬，然亦人道之常耳；至於送死，則人道之大變。孝子之事親，舍此無以用其力矣」（〈道在〉）。路是越走越窄了，從孔子到朱子，倫理觀念變遷的痕跡很明顯的可以看得出來。

爲什麼有這麼多轉變呢？因爲一種倫理的價值模式必須與一個社會的生活環境相配合，否則就會造成一種脫節或失調的現象，對社會、對個人都沒有好處。中國的農業社會變動雖不大或者很慢，但還是在變。而目前，很顯然，社會的變動相當劇烈——從原來的農業社會過渡到工商業社會，我們在討論傳統文化的保留問題時就不得不特別注意到它的適應性。舉個例，我們說要孝順父母，原則上沒有問題；兒女在外工作，有錢時寄點回家也是可以；但要「父母在，不遠遊」，或完全的「父爲子隱，子爲父隱」就不容易做得到了。如果丈

夫死了，還要強調「餓死事小，失節事大」，或者嫁丈夫時但憑「父母之命，媒妁之言」就有點離譜了。因為我們究竟不是生活在宋代或清代，而是現代。現代社會是動態的，是要求每一個國民把他的生命和力量貢獻給全社會，以達到「改善」和「創新」的目的。

我們的傳統文化中有許多善意的觀念是可以發展的，但不能止於保存。當我們有意要強調某一種文化特質時，也必須愼重考慮目前的生活環境。

所以我說，用 Renaissance 的觀念和精神來討論文化復興問題最合適，因為它含有創新的意境。

（《大學雜誌》7 卷37期，60年 1 月）

我們應復興那些傳統文化

文化意義的確認

　　一般人把文化視作音樂、舞蹈、歌唱、戲劇、文學、繪畫、雕刻……之類的代名詞，這是一種誤解。這些東西，充其量只是文化的一部分，就像籃球、游泳只是體育的一部分一樣。可能由於這一誤解，就把推廣平劇，翻印古書、古畫，提倡古式的孝道，當作復興中國文化的主要目標，事實上，文化的定義廣泛得多，最簡單的說法，它是一套生活方式。也許可以把它分爲物質文化和非物質文化兩個範疇，前者如建築、服飾、雕刻、用具……之類，後者如制度、價值、藝術……之類。這些文化上的產物，其實就是人類活動的各個層面，從時間上來說，春秋戰國時代的人，因活動而留下一些文化遺跡，例如，鐵犂牛耕、趙武靈王的胡服騎射、楚的漆器、孔子的道德觀、老子的宇宙論、齊魯的文物制度；秦漢時代的人，因活動又留下另一些文化遺跡，例如，官僚制度、水利灌溉系統、儒家思想、道教。

文化的創新與傳承

　　諸如此類，每一個時代都會保留許多前代的文化傳統，也會創造一些新的文化特質。正如孔子說的「殷因於夏禮，所損益可知也；周因於殷禮，所損益可知也」（《論語‧為政》）。兩代之間的損益增減，實際就是文化上的創新和傳承。春秋早期的人耕，為後期的獸耕所取代了；晉代的九品中正，為隋唐的科舉所取代了；從前的婦女要三從四德，現在是男女平等。這些都是屬於創新文化的一面。

　　但也有些不變或不太變的文化特質，從很早的時間，一直延續到現代，如家族，基本結構幾乎沒有太多的差異；如許多道德價值，行為的表達方式雖有些改變，基本意義卻多半是老樣子。可見傳統文化一方面是累積的，另方面又是變遷的，而不是永遠不變。以儒家思想為例，就有過好幾次重大的調整；書法、畫風也隨時在變。

對於變遷的適應

　　變，不管是用具上的變，還是思想上的變，總會引起行為上的一些不便，或情緒上的不滿，因而，有人主張變，也就有人反對變，這在中國歷史上也看得很清楚。討論現實問題，通常容易捲入個人的好惡或利害，難以客觀論事，用個歷史故事來說明吧。從純文學的立場而論，西崑體的詩有它不好的一面，但也有它好的一面。北宋的古文運動諸大家，如石介、歐陽修等人，則幾乎是用文學的道德標準，硬把它壓下去；尤其是石介，把西崑體批評得體無完膚，頗有點像五四時代的人批評儒家思想。後來古文運動是成功了，可是我不免要想，

如果沒有石介那樣的攻擊，歐陽修、王安石等人，恐怕就不易成功。但在當時，誰可能體會出這些只是兩邊爭論而已？ 從變遷的過程來看，擁護和反對總是會出現的，只是希望能認清事實，作出比較合理的選擇，因爲文化跟生活是分不開的，而不是用來點綴生活。這就是爲什麼有些傳統文化消失了，另有些卻傳留下來。

發揚傳統文化的三個原則

那麼，我們要發揚那些傳統文化？ 這仍然是個難以回答的問題：其一，傳統文化那麼多，如何選擇？ 其二，所強調的傳統文化，必須要適合當前的工業生活；其三，復興這些傳統文化，應該對工業環境有利，或有利於創造新的工業文化。我在另一文中，曾經用抽象的概念，提出三個重點，作爲發揚傳統文化的標準：

第一、把西方的科學精神和中國的人文精神結合起來，以創造有利的工業環境；

第二、從中國諸子百家之說與外國各種學說接受經驗，以培養和擴大中國文化良好的適應性；

第三、重新評估儒家文化，兼容並蓄，以創建中國的工業文化。

我的意思是，傳統文化既然是古人的生活經驗，就未必每一種都適合於今人的生活。在這種情況下，最好的方法是任其自然，適合的必然保存下來，不適合的就淘汰了。例如，在國樂隊中，鑼、鼓、羌笛、胡琴之類繼續使用，壎、磬之類便遭到淘汰。詩在中國文學上的轉變形式，更說明了傳統文化的變遷過程，決不是主觀欲望可以完全左右，而是客觀的時代要求。再以稅制、兵制爲例，歷史上爲適應當時環境，更不知改過多少次。多半的傳統文化，都是在這種方式下，

一代一代自然流傳下來，如牛耕技術、儒家思想、官僚制度、祖先崇拜、分家、尊重士紳階層等等。所以，復興傳統文化的最好辦法，還是讓社會大眾自己去選擇，不必多加干預。如果認為必須干涉，決策者就得事先花一番工夫，了解傳統文化的優缺點，然後決定取捨；千萬不能即興式的挑選，更不能祇走容易走的路。

復興傳統文化的策略

依照前面所提的三個原則，可以從三方面去檢討復興傳統文化的策略：

其一、為物質文化方面的，主要是我國傳統的科技文化。

中國古代的科技，可以應用於現代工業者極少，但中國人曾經在天文、地震、水力、火藥、印刷、造絲等方面的技術上，領先世界。我們有理由鼓勵重新振奮這種工業精神，迎接現代工業的挑戰，以利於產生一種新的工業文化，而調和西方工業文化所帶來的某些弊病。

其二、為非物質文化方面的各家優良傳統。

自春秋戰國以來，中國學術上出現過許多優異的學說，都曾對中國人的思想或行動產生過或大或小的影響，我們不應該再故意忽略它們的優異性，必須有選擇的加以發揚，例如道家對自然的科學精神，名家的邏輯思考，法家的賞罰原則。這一類的知識，對現代社會還是有用，我們既然可以遠自異國輸入方法、理論、觀念，為什麼不多向傳統學習？

其三、為非物質文化的儒家優良傳統。

儒家傳統跟其他各家傳統一樣，有它不適合於今日生活的一面，但也有可以利用的一面，例如儒家強調理性，注重實際，主張建立有

秩序而和諧的社會，這都是工業社會可以接受的想法，或者說，對工業社會的人仍然有利。目前各工業社會中的人羣，所面臨的最大挑戰是競爭不斷加強，衝突不斷昇高，使工業組織日益發生危機。儒家思想不一定能解決這種危機，但至少可以提供另一種思考的方式，設法減低衝突，並企圖建立一種和諧的工業社會。

復興傳統文化務求慎重

復興傳統文化的確是件大事，但也是件難事。當我們強調復興的時候，首先就面臨認知和選擇的困境，以及誰去作決定諸問題。判斷發生錯誤的話，許多人的生活可能立刻受到影響，因而，就不能不特別慎重些。

（《中央月刊》13卷 5 期）

論陰陽五行

　　最近不少人士爲迷信風氣的日盛而感到憂心忡忡，這是可以理解
的。不過，有些現象似乎還很難確定，究竟是越來越迷信，還是越來
越有錢表現迷信？這兩者的性質是不一樣的，如果是前者，表示我們
的居民，在工業社會中比以前更相信鬼神，更不理性了；如果是後
者，表示居民信仰鬼神的程度沒有變，只是比以前更有能力到處求神
問卜了。我以爲後者的成份可能大些。中國人的宗教觀念，幾千年以
來，一直是功利的，需要加強的地方，似乎不必等到今天，今天卻有
較多的方便和錢去祭拜各路神明。這就顯現了宗教行爲頻率的相對提
高。

　　迷信鬼神和風水，我國已有很長久的歷史，特別是後漢，簡直完
全籠罩在陰陽五行的迷信風氣下，什麼行動都受到陰陽、五行、八
卦、干支、方位之類的因素所影響。這在當時來說，幾乎是一種沒有
選擇的行爲方式，也算是當時的合理行爲，因爲無論就陰陽變化，或
五行相勝，五行相生的理論而言，都有相當高度的解釋力。以當時人
類對自然現象理解的程度，要想逃避這種知識上的控制，的確不容
易。這可能也是漢武帝聽信了董仲舒等人罷黜百家，獨尊儒術的重要
原因之一。鄒衍、董仲舒等人把儒家的仁義道德之說，加上陰陽五
行，不僅加強了儒家倫理的運作，也提高了對行爲的預言效果，自然

會受到一般人的歡迎。

　　不過，歷代反對這種迷信的人還是很多，例如漢代的桓譚、王充，南朝的何承天、范縝，唐代的柳宗元、劉禹錫，宋代的李覯、王安石，清代的陳確、洪亮吉，以及兩晉的道家人物。他們舉證鑿鑿的說，鬼神和風水沒有左右人類命運的力量。清代的重要學者，從黃宗羲到洪亮吉，不下數十人，反對尤其激烈。他們不祇消極反對迷信，而且積極提倡個人理性，從實用的觀點去了解社會現象。例如陳確在葬書中提出許多事例和解釋，力辯風水、地脈之不可信，對於批判迷信風氣，有極高的說服力。他們認爲，如果命運可以因道士的符籙而改變，鬼神可以用冥錢食品收買，風水可以請地理師選擇和調整，則人在這個世界上還有什麼用處，聽任鬼神擺佈就算了。不幸的是，到了今天，我們還有那麼多的人，仍然相信鬼神和風水的怪力。

　　這也許就是文化結構性的壓力所造成的吧？自從戰國時的鄒衍和漢代的董仲舒，把陰陽和五行的理論結合起來，不僅用來解釋自然和社會現象，而且用來預言政治的興衰、行爲的吉凶、禍福。早期還只是意識形態上的推衍，東漢以後就廣泛的用於行爲的層次了。結婚要選個吉日，遠行、埋葬也要選個吉日；蓋房子要看風水，造墳墓也要看風水；失意要拜鬼神，得意也要拜鬼神；諸如此類。這個迷信架構幾乎控制了中國人的功利行爲。在傳統的農業社會結構下，這種功利的迷信行爲是可以理解的，到了工業社會的今天，似乎沒有理由再堅持下去。例如大風吹翻了海上的船隻，地震震倒了高樓大廈，久旱不雨或久雨不晴所帶來的災害，從前認爲是天意懲罰或神鬼作祟，現在就沒有理由再這樣相信吧？

　　事實卻不然，由於前人因特殊原因塑造出來的陰陽五行，經過幾千年的演變，目前正在臺灣大行其道，這實在是不理性到了極點。我

們生活在需要理性選擇的工業社會，行為中卻到處充滿鬼神意識，對經濟成長來說，實在是一種諷刺。為什麼不能信任自己的理性選擇？是不是這個社會失去了預測行為的標準？沒有可供憑藉的社會規範和價值體系？對自己的事業缺乏努力的方向？我們認為，在一個具有高度文化傳統的社會中，只有當彼此的信賴體系遭到破壞時，迷信才顯得特別重要，才需要靠陰陽五行來指點迷津。

（《中國論壇》22卷4期，75年5月25日）

最大和最好

　　我們在新聞媒體上常常看到，什麼地方建了個「最大的」文化中心，什麼中心的舞臺燈光最多、最複雜，音響最新穎。就是不曾聽人說過，什麼中心的服務最好，或所安排的節目最有水準。如果最新的音響每年只用幾次，最複雜的燈光只是租給電視公司，最大的文化中心沒有最好的管理和軟體設計，那最初的目的究竟為了什麼？

　　我們這個社會，在很多方面似乎都犯了某種程度的誇大狂，「大」已經不是一個形容詞，而是一個目標。只要做得最大，似乎就是最好。大官、大房子、大壁畫、大餐、大核電廠，將來也許還有人會發奇想，造一口最大的棺材，蓋一間最大的殯儀館，諸如此類。為什麼會有這樣誇大的念頭呢？很可能是一種島國心理。住在這個小島上太久了，什麼都覺得渺小，地理環境小、資源少，免不了想在小的天地中塑造一些大的形象，以滿足心理上的需求。

　　這種滿足方式，也見之於一些別的行為上，往往祇注意到事物形式的大與多，以量取勝，而忽略了質。我不是說不要爭第一，要爭的應該是量與質同為第一；如果只能選擇一種的話，應該捨量而取質。只有質的提升，才能使量有意義，使整個社會文化的發展，達到一個更高的境界。

　　一味誇「大」的結果，不但阻礙了進步，而且浪費資源。對提升

居民的生活水準，可能毫無幫助。例如畫一塊幾里長的壁畫，辦一次幾千人的晚宴，究竟對居民的文化生活有多少助益呢？

我在想，假如大家都不用誇大去做號召，老老實實的、誠誠懇懇的、腳踏實地的把本身該做的事情做好，努力做到最理想的地步，結果卽使不是最大，卻是最好，豈不是對國家的社會文化發展，眞正提供了最大的貢獻？

（《民生報》，75年1月2日）

透視臺北市的文化取向

　　無論從那個角度來看臺北市，從飛機上往下看，從山上往側面看，或從地上往上和左右看，都看不出它的特色，景物依舊，煙霧瀰漫依舊，河水髒、空氣污染也依舊。這究竟是什麼因素造成的呢，政策不當，行政效率太低，居民不守秩序，還是三者都有？我們希望從有關的幾個層面，提出一些檢討，把缺失找出來，並試圖分析原因，提出建議，也許對臺北市今後的發展，有些幫助。

建築物的特性在那裏？

　　臺北市建築物的沒有特性，不僅中國人看得出來，外國遊客也一看便可以知道。近幾年來，建材固然用得比較好了，高度也升高了，但多半是因襲國外的設計，很難看出中國文化的特色。我們也曾經問過建築師，為什麼在做房屋設計時，不考慮中國人「住」的觀點？他們認為，中國式的房屋對空間要求比較大，相對會降低土地利用和增加經費。我們認為這不是充分的理由，如果中國式建築一定要浪費一些土地，那就注定了沒有希望，在市場經濟的條件下，增加成本就無異宣佈沒有市場，生意人不會做這種傻事。事實上，西式的理想建築也是要求較大的空間，只是在成本觀念下，商人精打細算，把某些空

間縮小了，縮小了還是可以蓋房子。

　　發展具有中國文化特性的建築，可能需具備三個必要條件：一是了解中國傳統建築的特性，並把這些特性加以發揮，使符合現代社會的需要；二是把西方建築的優美處融合到中國建築，設法使兩者相互配合，變成一種新的產物；三是了解中國人的居住習慣，和對環境的態度，這與中國人的宇宙觀和人生觀也有關係。前二者只要用功作點研究，大概就可以獲得一些結果，後者就比較不易把結果應用到建築設計上去，卻是一個根本問題。例如房屋的風水觀念，除掉迷信部分，仍然保留了相當多的中國人對自然和人生的看法，這可能值得建築界注意。在這裏，我們只是從一個社會科學工作者的立場來討論建築問題，並不牽涉到建築的設計，設計需要建築專家動腦筋。如果建築家願意去試探，不只是爲了方便而承襲西方傳統，將來總有一天會把臺北市的房屋式樣改變過來，改變得像中國人的房子，也合適於中國人居住。

　　臺北市現有的房屋，大致是兩種類型，一種是西式的，無論公司行號或住宅，幾乎是一個調子，你走在忠孝路、南京東路所看到的商店，或在大安區所看到的國民住宅和私人大廈，全是西式建築。只有在一些古老地區，如萬華、迪化街，才保留了一些中國舊式或日本式的建築形式，但在改建時也會拆掉。另一種是廟宇和模仿廟宇的建築，這些模仿的建築物又幾乎是完全因襲傳統，看不出什麼新意。有些外國人來臺北市參觀建築，認爲其模仿西方，不如模仿傳統。不過，像蓋廟式的模仿傳統，似乎也不值得鼓勵，這究竟非民間住宅形式。令人不解的是，近年來公家蓋了不少辦公的高樓大廈，也只是走西式的老路，難道眞的就沒有人能爲中國式的建築提出一些高明的創意？

都市的房屋建築不僅顯示一種特色，也代表一個國家的文化素養，我們盼望將來有一個具有特殊建築色彩的臺北市，而不是紐約或東京的分店。

缺乏藝術和文化活動活力

臺北市已經辦了好幾屆藝術季，國際藝術節，或民間藝術之類，不知道對臺北居民的藝術修養提高了多少，或擴大了多少基層居民參與藝術活動？我們沒有看到這類報告，也許辦活動的只管辦活動，究竟那些人參加，或參加了有什麼結果，並不重要。若干文化活動也有同樣的現象，如區里文化活動、美術展覽、圖書館等，似乎每年都在做，卻看不出有什麼進展，不知它們的功能究竟發揮到什麼程度？似乎很少人去關心，反正今年要做，明年也要做，彷彿只要不斷的做下去就會有結果。

要了解臺北市的藝術和文化活動，可能應從兩方面着眼：一是硬體，即是有那些活動場所，例如美術館、社教館、圖書館、博物館等；二是軟體，即是有些什麼樣的內容，例如美術館展覽的作品夠不夠水準，圖書館的藏書夠不夠標準。以圖書館而言，館的數量大概已不算少了，藏書則除了幾個較具規模的圖書館外，其餘距離標準均尚有一段距離，有待加強。這會形成一種惡性循環，圖書越不敷用，去的人就會越少，然後越沒有機會擴張。無怪臺北市的許多圖書館，早已流為學生在考試時溫習功課的地方。其他的各種館就更有待加強了，不僅數量少，內容也未必充實。一個像臺北這樣的大都市，應該有更多的博物館和美術館之類，以增加居民的學習興趣。許多都市都有開放私人珍藏的小型美術館和博物館，我們也希望臺北的收藏家，

能在紀念自己或先人的條件下，成立私人博物館之類，收費供一般人參觀，這不僅可以擴大收藏品的功能，造福社會，而且使當初收藏的目的，更獲得肯定。事實上，任何都市的藝術和文化活動，單靠公共投資是不夠的，眾多私人的影響力往往大得多。政府也應該提出各種辦法，鼓勵私人創辦藝術與文化活動，如此行之數年，臺北市的藝術和文化層次，必然將獲得快速的提升。

另一個問題就是藝術和文化活動的本質，以西方還是以本土為重。這是一個爭論不休的問題，我們不必在這上面花費篇幅討論，重要的應該是從實際需要和未來發展去了解。我們應該不會忘記，隋唐時代就成立了九部樂，把當時所謂東夷（高麗、百濟）、西戎（高昌、龜玆等）、南蠻（扶南、天竺等）、北狄（鮮卑、吐谷渾等）諸國之樂，都拿來使用，眞有泱泱大國之風，現在更有理由學習外國藝術。可是，我們也必須強調本土藝術，如何鼓勵本土藝術創新，至少與訓練學習國外藝術人才，同樣重要。在這方面，到現在為止，我們看不出有什麼積極而可行的計劃，這對臺北市的藝術和文化發展，將會產生很大的負面影響。

遊樂場所不夠

工業社會的特色之一，就是人民在工作之餘，必須找些適當的休息，看電視、讀書、做家務是其中的一種，上餐廳、娛樂場所是其中的另一種，長期假日則多半會尋求戶外活動，甚至出國旅遊。這是一般的趨勢，將來工作時間縮短，戶外活動的需求量就會增加。

臺北市的休閒設備，除了電視、電影、廣播、書店、商店，可以供人隨意選擇外，其餘的都十分缺乏。公園的不足，可以從假日公園

中的人潮獲得證實，幾個大型的公園，如青年公園、新公園、植物園等，到處都是人擠人，簡直像市集。許多研究都指出，居民在有時間休閒時，首先想到的就是逛公園，這似乎已成國人的一種特殊嗜好。可惜的是，臺北市的公園綠地就是不足，把可用的土地都蓋成了房子，我們希望市政單位在這方面徹底反省一下，不要短視到這種程度，硬把人關在家裏，無處可去。

其次是海上和山林活動開發不足，對臺北市來說，這兩種都是天然休閒資源，市政單位卻從不鼓勵利用，以附近的南港山、五指山一帶爲例，多年來只有一條登山道路，由有興趣的人去走走，從沒有機構去做公共投資，也不鼓勵私人去投資開發，而任由人在半山裏蓋一些簡陋難看的休息室，在道路旁的樹枝上掛滿了登山者的塑膠布條，到處棄置的塑膠袋、汽水瓶。我們一直不解，市政單位何以從來不知道去做點惠而不費的事，有計劃的開發這些地區，不僅可以疏散臺北市民的休閒活動，也可以收到提倡合適休閒活動的效果。海上活動則永遠停止在利用淡水浴場，就不能設法鼓勵開發其他海上活動嗎？有人說，這可能牽涉海禁問題。我們認爲，這是沒有必要的禁止，應考慮適度開放，姑不論現在的人造衞星照像，對任何海岸可以一覽無遺，即使將來有緊急事故，仍可以重新關閉，不必因噎廢食到這種程度。臺北市的休閒資源，如果不從這兩個大方向去設法改善的話，將來會無路可走。

淡水河本來可以作爲居民遊樂之用，現在已經成爲臭水溝，不僅不能利用，反而成爲一種負擔。回想多年前在淡水河游泳，在河邊飲茶聽歌的美景，眞像是天方夜譚。據說高雄的愛河已整治得有游魚了，希望臺北市政單位也拿出一點魄力，試着去把淡水河弄弄乾淨，縱不能游泳，能夠划划船，也就不無小補了。這樣好的天然資源，任

其廢棄，實在說不過去，我們能說市政府和市議會盡到了應盡的責任嗎？

　　大型遊樂場幾乎是每個大都市必有的產物，主要它可以容納許多人做許多不同的選擇，以滿足大家的欲望。都市裏聚集了各種各樣性格的人，無法要求他們經常去參觀博物館，逛公園，他們可能願意去嘗試一下新的玩物，甚至在角子老虎前賭賭運氣。臺北市就是沒有這種東西，什麼都想禁止，然後任其地下活動。我們應該明白，聖人只有少數人才能去試的，大多數人只想活得有點意思就夠了。其實，如果滿街都是聖人，恐怕也不是味道，那有點像多九公到了君子國，我們也不希望有一個那樣的社會。最近報載，有人有設立娛樂中心的構想，希望儘快推動，用鼓勵私人投資的優待辦法，不必公家去做，那樣只是又多一個官僚機構而已。

環境糟透了

　　生活在臺北市的居民，一般而言，大體比從前改善很多，除了少數人還沒有受到妥善照顧外，多數人的衣食住行似乎都沒有問題，只是居住和生活環境卻愈來愈糟。首先碰到的問題是汽車道，為了讓車子在市區裏開得更快一點，就在寬闊的馬路上架起了人行橋，這種橋不僅把都市景觀破壞無遺，而且對人，特別對婦女和殘障是一種侮辱。解決都市中行的問題，斑馬線和地下鐵路是僅有的方法，市政機構不從這裏設法，卻儘往人的路權上動腦筋，真是捨本逐末。如果只是這樣去解決問題，再過幾年，我看會把人逐到那裏去，也許只有禁止所有行人進入臺北市了，這樣恐怕仍然開不了快車。

　　其次是人行道和騎樓，臺北市恐怕沒有幾條街道可以走得通了，

佔用最多的是機車、修車店、雜貨店、木器店、攤販，行人往往被迫在快車道上搶路。究竟是什麼原因使這種違規行為無法取締？市政單位總該了解了解吧，怎好讓它們經年累月的長期延續下去。

市招是另一種破壞環境的兇手，特別是幾層樓高豎立招牌，如果樓上有人居住，那就是注定了每天生活在廣告牌的陰影下。我們不禁要問，一樓的商人有權這樣做嗎？是不是已經侵犯了別人的生活空間和居住權？另一方面，它也確是破壞了都市景觀，我們不知道當初是怎樣發展成為這種樣式的招牌廣告，如果是西式，多半只是平面的市招和霓虹燈，如果是中式的，應該只在店門口掛上一塊店名匾，或刻上幾個字。我們認為，市政單位和文化機構真應該想想辦法，把這種豎牌取消，恢復店面和街道的乾淨像。現在臺北市有些公司大廈，已經不豎立招牌廣告，看起來就好得多，這是值得鼓勵的。

還有一些破壞居住環境的行為，如鐵窗、垃圾、吐痰、噪音、污染之類，都是老問題，而一直沒有用有效的辦法去處理。說起來都有無力感，不知誰才有權力去解決問題？從前沒有環保局的時候，他們說要成立環保局才有辦法，現在有了環保局，依然沒有辦法；從前沒有污染法，他們說要立法，現在立法已經多年了，不僅污染如故，而且越來越嚴重。照這種情形來看，法律沒有用，道德也失去了約束力，我們似乎已經束手無策，有一天，也許真的要在垃圾堆裏過活。

這種狀況究竟是怎樣造成的呢？看來還是執行上出了問題。官僚體系中有一種相互牽制的作用，依現在的考核和獎懲制度，官員只要不犯明顯的錯誤，不做事並不影響升遷，這就使執行政策的官員可以不積極的去幹活。我們這些納稅的居民，真的盼望官員和議員們多做點事，日子再壞下去的話，誰都逃不了。

行爲與觀念脫節

觀念和行爲之間，總是有些距離，不管這種距離是怎樣產生的，由於認知的不清楚，實行的困難，或故意騙人，不實踐諾言。中國人一句批評人不誠實的話說：滿嘴的仁義道德，私下裏男盜女娼。這是公然的騙人。其實，就像孝順父母、尊敬長上，這一類的事，仍然是說的多，做的少，果眞每個人都言行一致，中國歷史就不必寫孝子傳了。臺北市民的觀念和行爲之間的差異，自然免不了，這種差異可能來自幾方面：一是價值的理想太高，一時做不到，又缺乏長期推行的耐力，如以前有人提出的口號，消滅貧窮，降低犯罪，把臺北市變成一個花園等等，到現在多少年了，幾乎一事無成。二是行爲與法規脫節，不能徹底懲罰，又不能修法以適應行爲，於是越拖越亂，變成無法無天的世界，這種事多的是，違建、攤販、佔用騎樓和人行道、交通違規、虛僞的房屋醫藥食品廣告，都由於沒有人去嚴格執行法規和政策所造成。三是工作目標和職業道德衝突，通常都是爲了目標而放棄職業道德，例如爲了自己升官而故意忽略應有責任，爲了賺更多錢而不惜詐欺、惡性倒閉、販賣有害物品，爲了個人利益而貪贓枉法。

就以違章建築而言，大約早在民國五十年代，就有聯合國的代表提出分段解決的辦法，即初期的給予較優厚的遷建補償，依時間而降低，最近的違建，不但不予補償，還要收違建戶的拆除費。這個辦法的可行度相當高，也可謂公平，只要管理機構能負責徹底執行。可是，二十幾年後的今天，我們不僅仍然一籌莫展，情況甚至還更壞。原因就在於居民總想佔便宜，執法的人又不認眞，通常在開始時沒有人管，等到違建已成或有人檢舉時，拆除便很困難，也許還有民意代

表說情，管理機構就更不易處理了。這種事，法規已經有了，管理機構也有了，然而就是沒有人去做。演變到後來，據說有人以蓋違建為職業，還頗賺了一些錢。

為什麼許多事情老是這樣拖延而不得解決呢？例如翡翠水庫上游幾千頭豬，經過幾年都無法遷走；地下鐵路議論了幾十年，也不能施工；有些公共事務，也多半是拖到不能再拖時，才着手動工。這跟我們的行為習慣，可能有些關係，我們通常總是把調子調得很高，而不管能做到什麼地步，高喊提高行政效率，而不理會效率是不是已經提高，或如何使它提高。強調尊師重道，卻根本不去理解如何尊師重道，和用些什麼手段或方法去實行尊師重道，似乎只要祭孔、送點紀念品，師道就會向上爬陞。這就是我們長久以來的行為習慣，觀念提出來了，誰也不關心它的結果，就如我們喊了兩千多年的忠孝仁愛，幾乎從來沒有人去注意，究竟實踐了多少，好像只要喊了仁愛，我們就仁愛了。到了後來，有些人就直接用孔子提倡的「仁」「恕」，來證明中國人是一種仁恕的民族，這真是忽略了觀念與行為的不一致性。

我們希望的是，從觀念到政策，到執行政策，最後到政策效果，有一連串真正的檢討作業，隨時修改，務使不產生偏差，達到政策的目的，而不流於觀念與行為脫節，使許多觀念都能落實。這對於臺北市的文化發展，將有積極的推動作用。

官員議員市民間的信賴危機

議會文化是由西方引進來的，已經民國七十六年了，我們還真的不十分懂得運作。議員的職責本來是為市民看緊錢袋，防止官員亂花納稅人的錢，同時糾正政策上的錯誤，以免市民受到不當損失。可

是，議員是市民選出來的，市民的請託，不能完全不管，甚至因請託或自己的事，得拜託官員幫忙。另一方面，官員要在議會通過預算，作施政報告，接受質詢，總希望議員少提責難，使預算順利過關。站在選民的立場，碰到困難時，最先想到的恐怕就是議員，請議員排解糾紛，或爲自己的利益說情，乃至請求找工作。這種三角關係，可能是一場沒有休止的運動。

現在的問題是，市民爲了自身的利益，不惜請議員利用特權，同時，議員本人也要利用特權，爲本身的利益服務，如包攬工程以及其他各種各樣的行業。這種特權用多了，就降低了議員在議會中的壓力，使議會失去應有的功能，不容易產生制衡官員的力量。反過來，當議員不出席議會議政，不善盡職責爲納稅人說話時，在這種互相利用的人情關係下，市民也無法提出強有力的指責。

官員、議員、市民三者關係的正常化，顯然有利於議會政治的運作。市民不爲私人利益請託，只要求爲社會大眾服務；議員不爲私人利益運用特權，只公正的爲所有市民盡責；官員不爲私人利益賣人情，只堅持公務員的職責，盡力而爲。這樣，行之數年，相信臺北市的行政，當令人刮目相看。

不過，這可能只是一種理想，民主政治的最大缺點，就是過多的交換行爲，在我國素重人情的環境下，這種沒有原則的交換行爲，帶來更多、更大的困擾，怎麼樣擺脫這種互以金錢、地位、利益、選票爲交換的條件，才是根本的解決之道。最可行的辦法，就是要選民自覺，增加對議員和議會的壓力，使他們不敢鬆懈，經過長時間的合作，就會彼此取得信賴，這對於解決臺北市的問題，以及提高文化水準，都有幫助。

仰仗市政運作了

從上述的分析和討論，我們發現，臺北市在建築、藝術、娛樂、休閒、環境景觀、社會價值和規範、民主政治等各方面，都存有許多缺點，並且是多年來拖延下來的舊習，這些問題若不積極的去尋求解決，這個城市將來會越來越糟，文化水準也就越來越低。

解決的辦法當然很多，最重要的還是要加強市政的運作功能，一方面需要正確的政策，另方面需要徹底的執行。要做到這點，必須有一個可資信賴的議會，議會對行政官員如果沒有壓力，或壓力不足時，行政效率必然相對降低。議會的力量又來自市民，市民必須養成放棄私人利益的雅量，這樣才能要求議員克盡職責。

市民、議員、官員是一種連鎖關係，無論信賴或不信賴，彼此互相牽連。解決問題和提高臺北市的文化水準，也是一種連鎖關係，否則，將會每下愈況。

（《中國論壇》23卷12期，76年3月25日）

這樣的臺北市

臺北市的大部分街道有兩大特色：一是騎樓與寬廣的人行道，無論大雨烈日，或車如流水，行人都可以不受威脅；一是道旁和道間種了許多樹，有時還種些花，使車輛和行人都感受到美的愉快。當你在樹蔭下的紅磚道上行走時，就會發現，那跟在某些大都會街頭的感覺，確實不一樣。

可惜，這樣好的人行道和車道設計，卻被我們的居民和官僚組織毀了。居民霸佔使用，官僚組織無力管理。你也許不相信吧，找個時間試試，看你在騎樓下或人行道上能走多遠？有人在騎樓下修理機車；有人在人行道上擺滿汽車；也有人在店門口堆滿貨物；攤販更是在每一塊空地叫賣、做生意。慢車道停滿了汽車，一排、兩排，無論黃線、紅線、或公車站。於是，你沒有選擇，只得在快車道上行走，一邊走，一邊隨時準備逃命。公車被擠得毫無辦法，只能在快車道上卸客、載客。

狂亂的汽車和機車聲，汙濁的黑煙，樹木汙染了，花草汙染了，空氣汙染了；人民在汙染的空氣中呼吸、用餐、睡眠。車搶黃燈、紅燈，人也搶黃燈、紅燈；燈，成了道路上的裝飾品，正如斑馬線成了道路上的裝飾品一樣。

警察是相當忙碌的，指揮交通、趕攤販、罰違規停車、查佔用騎

樓道路，然而，每天查，同樣的違規事件每天每天在增加，這是爲什麼？

　　誰都不知道爲什麼，居民佔用道路做生意，卻罵警察取締、罵別人沒有公德心；自己闖紅燈，卻罵別人不守交通規則。這種事到處都有，你說究竟是什麼道理？這是雙重標準，中國人特有的雙重標準；原諒自己，責備別人。這種想法不改，臺北市的發展就會越來越難以控制，不僅騎樓、人行道打不通，紅燈、斑馬線的權威建立不起來，樹會枯萎，花草要死掉，就是居民和官僚組織也未必能幸免於難。

　　社會是人羣組織起來的，有什麼樣的人，就有什麼樣的社會；一羣沒有規矩的人，怎麼可能創造一個有規矩的社會？

　　　　　　　　　　　　（《民生報》，74年7月29日）

改善鐵窗文化如何？

鐵窗算不算一種文化？我看是差不多可以了。舉個例來說吧，有人認爲東亞居民是一種筷子文化，因爲他們普遍的用筷子來取食，就像印度人用手，西方人用刀叉。鐵窗是普遍的用來防小偷。

在臺灣的住宅區，舉目四望，看到的盡是鐵窗，從一樓、二樓，到十一樓、十二樓，最「突出」的就是鐵窗。因爲鐵窗突出牆外，所以當你還沒有搞清楚房屋的狀況時，五顏六色的鐵窗卻早就在眼前跳躍。許多設計相當不錯的高樓住宅，幾乎都被醜陋的鐵窗砸了，這眞是一大遺憾。我們私下裏也跟建築專家交換意見，他們都覺得毫無辦法，除非把所有住宅都設計得釘不上鐵窗。

居民以爲，鐵窗最大的功用就是防盜。然而眞正的小偷並不怕鐵窗，那一種鐵窗難倒過小偷？那麼，爲什麼要在美麗的屋前屋後架個難看的鐵窗？有人說，也許是心安理得吧。

據一個國民住宅的研究報告指出，國宅社區住戶的窗戶或陽臺裝鐵窗的佔七九％，沒有裝的佔二一％，這個比例實在相當高。爲什麼裝鐵窗呢？爲防盜的佔六十％，防小孩的佔三三％，爲了增加空間的佔六％。可見防盜的還是佔多數，佔小便宜的不多。社區眞的那麼不安全嗎？事實上前述回答所裝鐵窗防盜爲理由的人中，只有三五％認爲不安全，另有六五％仍認爲安全，可見心理作用或別的原因大過防

盜，眞正防盜的只佔鐵窗住戶三分之一左右。這個數字跟國宅住戶認爲社區中常常遭小偷光顧的百分比相當接近（二七％）。可是，如果把偶爾遭小偷的數字加起來，整個比例高達八三％，而認爲從來沒有的僅佔十七％。這樣看起來，如果警察制度遏阻不了小偷，裝鐵窗可能就是唯一的辦法了。

　　事情眞是惡化到這種程度的話，我們的住宅建築就只有另找出路：第一是拜託建築師，今後在設計住宅時，一併考慮安全的問題，或把鐵窗設計進去，以免事後追加，旣費錢，又不好看；第二是拜託建築法中硬性規定，鐵窗不能伸出牆外和戶外，或統一設計一些格式，也算是沒有辦法中的辦法。

　　　　　　　　　　　　　　　　　（《民生報》，75年 7 月15日）

記一次現代化的喪禮

當我們到達景行廳時，看見有些人默默的往裏面走。前院沒有人車的喧鬧，也沒有滿地的塑膠花圈。簽名處沒有收禮檯，只送給每人一朵鮮紅玫瑰。屋子裏有些人在輕聲談話，有些人在忙來忙去。半空中沒有名人達官的輓幛，四周也沒有親友的輓聯。大廳中央安放着老太太的巨幅遺照，安靜、端詳；地上舖着青綠的柏樹枝葉，稀落的放着幾個花籃。不知誰在大聲說話，原來是追思的時間到了。親友都找個位子靜靜的坐下，燈光逐漸陰暗。麥克風響了，我們跟着向老太太三鞠躬——虔誠的三鞠躬、默念。家人在兩旁答禮如儀。擴音器輕輕的播出老太太生前的遺音，有笑語，也有歌聲。幻燈片一張一張在銀幕上閃過去，彷彿老太太正要跟我們接近、話家常；旁白說出一些老太太的瑣事，讓人感嘆、懷念。景行廳裏雖坐了幾百人，卻出奇的靜，除了微弱的幻燈機聲。我突然想起：沒有比這更莊嚴的時刻了。

播音停止，銀幕亮了，追思會結束。正好半個鐘頭。我眞的爲這半個鐘頭的過程所感動，這才是現代中國人的喪禮，簡單、隆重、莊嚴、肅穆。

事先，我們接到訃告，白底、紅字、橫式。正面裏是老太太的四張遺照，從最清楚的一幀，漸遠，到茫然不可辨，象徵老太太已遠離我們而去。反面裏是老太太的生平，由諸孫「奉父母之命」出面敍

述，一點一滴的日常小事，正是兒孫們對老祖母的無限懷念；沒有誇張，也沒有惋惜。原來老人家已經是九十六歲。訃告的最後一段是「懇辭奠儀花圈輓幛」。就這麼簡單，卻真的嚴肅到令人充滿了去思、懷念與感動。這才是我們正在追尋的，工業社會的中國式喪禮儀式。

這就是漢寶德先生諸昆仲為其祖母漢太夫人所刻意安排的追思禮。

（《民生報》，74年4月21日）

觀 光 條 件

兼記小琉球之遊

前些日子，新聞報導說，今年來我國觀光的人，已經出現負成長。我們推測，這有兩個可能：一是受到世界經濟不景氣的影響，二是我國缺乏具有吸引力的觀光資源。假如是前者，將來經濟好轉時，遊客自然會增加；假如是後者，問題就比較嚴重 。我們不能只想賺錢，應該問問，用什麼去賺錢。

出國旅行過的人都知道， 我們有多少好風景區、博物館、美術館、歷史古蹟，吸引外國人在這裏留連數日，然後滿心歡喜的回去？

從吸引國外旅客觀點而言，臺灣觀光單位似應更積極些，有效的將各地具有觀光價值的寺、廟、民宅、民俗之類加以整頓和開發，並主動作些妥善的安排，才是正途。將各地的文化中心加以地域化，使地區次文化獲得突出發展，也是一種可行的辦法。像現在這種讓旅行社導遊，把外國遊客帶到龍山寺、烏來轉一圈的方式，完全是浪費，怎能令人滿意？

再說，觀光地總得以遊客為中心，找出些可看性較高的焦點，然後配合這個焦點加以發展，以增加它的吸引力。現在適得其反，多數的觀光地區都是任令自生自滅，既無合適的規劃，又無合理的管理，更不必說強調中國文化的特性了。所看到的，除了到處都是攤販，就是滿地的髒亂。

以小琉球爲例，就無法令人產生再去一趟的勇氣。

那天是一個炎熱的星期天。遠遠看去，小琉球襯托在碧海藍天之下，的確是個美麗的青翠小島。可是，一腳踏上岸，就令你不敢相信，那是個觀光碼頭：狹窄、髒亂，到處是攤販，到處擠滿了人，完全沒有秩序。誰都不知道來做什麼，要去那裏，只是在這個荒野小村的小街上亂竄，晒太陽、流汗。幾輛破舊的汽車把我們運出去轉了一圈，也不知道要看什麼。事實上也沒有什麼可看，沒有花園，沒有風景，連一塊讓你奇怪的石頭都沒有。我們來幹什麼？「來做傻瓜」，我的朋友說。

這是實在的，就是要賺遊客的錢，起碼也得把環境弄乾淨點。不知道有關的地方政府和觀光機構，去過這種小地方沒有？有沒有想到觀光也是一個必須整體規劃的活動？

（《民生報》，74 年 9 月 19 日）

春節與休閒

中國有幾千年的溫帶農業經驗，因而春耕、夏耘、秋收、多藏，就成爲行之久遠的固定生產和休閒模式。在秋收以後至春天播種以前，爲集中式的休閒生活季節，許多重要節日的迎神賽會，多集中在這個期間，這就是農業社會人民生活經驗的累積。在這個期間休閒或娛樂，不僅對使用時間有利，由於在農產物收穫之後，對經濟上的支配也較方便。新年作爲這個休閒和娛樂的高峯，看來眞有其必然的道理。

傳統的年俗，實際在多至祭祖已開始其序曲，然後就是一連串的相關過程，到除夕吃團圓飯，新年的拜年、送禮、給壓歲錢、吃春酒，終於元宵花燈。其間各式各樣的習俗、雜耍、遊戲之類，無非爲利用閒暇時間，達成兩個重要目標：一是增加個人休閒娛樂的機會；二是加強親友鄰居間的社交活動。過年期間許多必須遵守的禮貌和禁忌，如見面就恭喜發財，不准隨便罵人、討債，對緩和人際間的一些緊張關係，甚至紓解宿怨，也可能產生積極作用。

農業社會中這種工作和休閒時間分配，似乎相當合理，既調節了個人的生活方式，又維持了必需的社交禮儀。但是，到了現在的工業社會，不僅工作和休閒的方式改變了，居住環境和親友間人際關係也改變了，面對這種改變，我們應如何取捨，以適應現代生活，倒是值

得大家來想點辦法。例如，現在每天的營養都比較好，除夕和春節就不必大吃大喝，做點應景的菜就夠了；現在交通這樣方便，似乎不必擠在這幾天去拜訪親友，而讓個人有點屬於自己享受的時間；現在社區關係疏遠，春節也許正是建構新關係的最合適途徑和機會；現在娛樂時間分散，正可以利用幾天假日，在家作充分休息，以爲今後事業上的再努力；諸如此類。

　　從工業社會的觀點而論，對於傳統年節的儀式和功能，恐怕無法完全接受，而必須因應時代需求，作某種程度的調整，旣可維持優良傳統，又適合於現代人的行爲方式。

（《民生報》，75年2月14日）

到那裏去休閒？

　　這幾年已經有較多的人注意休閒問題了，爲什麼呢？也許是生活得比較舒服，也許是工作的時間比較短，也許是基於工業社會的某些假定，如休閒可以增加工作效率，降低犯罪率，或提高生活品質？其實這都只是一些推論，並沒有實際調查資料可資證明。不過，有一種現象卻是事實，如果你有一段時間空下來，可以離開工作崗位，無論是幾小時，一天，兩天，或更長的時間，總得設法去做點什麼吧？這就需要休閒活動，例如咖啡時間、週末旅行之類。休閒活動讓人產生離開工作的輕鬆感，生活上某種程度的滿足。

　　很明顯的，這是工業社會的產物，特別受到工作時間長短和工資給付方式的影響。但是，究竟去做些什麼呢？在已有的資料中，我們發現居民休閒活動的幾種特徵是：接受大眾傳播媒介的頻率最高，如看電視、閱報；靜態的和個人單獨進行的方式較多，如聊天、散步；羣體的和新興的項目較少，如球類運動、交際舞。這大概是受到時間、經費、場地之類條件的限制，不得不選擇一些簡單易行的休閒活動。

　　事實上如果大家不在家裏看電視，又能做什麼呢？我以爲，我們不要總是去禁止人幹什麼，而應積極開發「休閒資源」，讓大家自然而樂意的去做些什麼。例如，臺灣四周環海，開放海上旅遊事業，

將不僅可以吸引大批人羣，並且可以培養國人的進取冒險精神；臺灣到處是山林，把這類地區開發爲露營、野餐、遊樂場所，將可容納無數休閒人員；在幾個都會區開闢大型遊樂園也是必要的，因爲人不能老是去遊山、玩水、看博物館。諸如此類的休閒場所越多，人民就越有選擇的機會。到這個時候，休閒活動就眞的提高了生活品質，不必再操心無處可去了。

誰來做呢？這有兩個辦法：一是政府必須在政策上加以肯定和鼓勵，例如免稅、貸款之類，甚至先做公共投資，使業者有利可圖；二是民間不願做的，可由政府直接經營，到了可以賺錢的時候，再開放給民間。這樣做，對整個社會的發展，都會帶來美好的遠景。

（《民生報》，74年1月31日）

學 術 的 自 主 性

學術何以難生根？

　　自從曾國藩於一八七二年派遣第一批幼童去美國留學，算一算，到今天已經一百多年了，我們還在檢討用什麼方式派遣留學生，眞有些令人汗顏。不知是文化的移植太困難，還是我們太沒有遠見？說起來，這眞是一條遙遠而艱苦的道路，一百多年來，我們送了許多人去美國、去法國、去日本、去蘇聯，以及許多別的國家。有些人是公費的，有些人是自費；有些人去了沒有回來，有些人回來做了官員；有些回來眞的是又教書又研究，卻沒有種下學術的根，一波一波的把外國現成知識帶回了故國，又一次一次的夭折，總是難得開花結果。原因在那裏？

　　在同樣的西方文化衝擊之下，日本也許還沒有培養出世界性的哲學家、科學家，至少已經創造了獨特的技術，把新產品推銷到全世界的市場，賺得很高的國民所得，以及相當高度的政治民主。就靠這種希望，把他們的總理送到國際政治舞臺參與談判，使財政部長參加南北會議，使外交部長參與西方外交事務。也在差不多同時，蘇聯派出大批留學生去學習西方的科技，幾十年之間，居然有能力代表共產集團，在太空發展上、在軍備競賽上、在世界事務上與美國爭長論短。原因又在那裏？

　　在一九八四年的今天，當各國的工業化都在要求突破的時候，我

們卻還在喊：檢討留學政策。這豈不是一大諷刺？認眞檢討，我們認爲，下述幾點恐怕必須徹底改善，否則，卽使派更多的留學生，再過一百年，學術將仍然無法生根。

其一是學術語言問題。在重要的教育階段，如早期的中等教育，現今的高等教育，我們多半都採用英文教科書，沒有注重翻譯，也沒有認眞的好好翻譯。這種偷懶的辦法，使我們的學生一直無法用自己的學術語言思考，難以在思想上有所突破，更不用說創造了。翻譯是使外國知識內化的最有效方式，而知識內化才是創造的根源。這種淺顯的道理，在許多國家已經行之甚久，如美國人翻譯德、法文學術著作，日本、蘇聯大量而有系統的翻譯西方學術著作。

翻譯不僅使這些國家的國民擴大了閱讀的範圍，也提高了他們的思考能力。你能奢望一個沒有母語的社會，提供高度的創造力嗎？有關機構應該在這方面認眞多做點事。

其二是進修與研究設計問題。我們總是每年派點學生出去，拿了個博士或碩士回來，然後在國內教書、做研究，終此一生。幾十年來，我們可曾有什麼好辦法獎勵研究傑出的人？沒有。有什麼好計畫鼓勵創新發明？沒有。研究的優良環境，政府也一直沒有主動去開發。現在應該積極去做的，有三方面似乎可行：一是如吳大猷先生所說，多派遣博士後人員出國進修，但以學習與博士論文有關課程爲主，一、二年後回國；二是在相關研究所建立較長期研究室，連續若干年聘請該方面有成就的外國學者主持研究計畫，並投入國內資深及資淺研究人員繼續參與研究；三是各校必須規劃講座教授或大學教授，認眞獎勵有成就的教師，使傑出人才獲得應有的報酬，但決不能參入黨、政因素。

其三是尊重學術與研究人員流動問題。學術自由是指不要用學術

以外的理由，在研究、經費和人事上橫加干擾。如果理論上站不住腳，自可用辯論或驗證的方式加以推翻。尊重學術就是尊重知識，在工業社會中，只有知識才能解決問題，如果迷信權術、政治之類的壓力，就會使學校失去原有的理想，失去求知、明理、創造的作用。知識都不受尊重，怎能使學術生根？旣然學術沒有前途，它的反作用就是把小有成就的教師推出去做官，回到我國傳統的道路。如果官員的報酬和聲望又比教師好些的話，就會令很多人不擇手段的選擇仕途。這顯然會使學術發展受到不良影響；如果這種壞影響力繼續擴大，就不必再談學術了，反正沒有學術也可以有官僚系統。

　　我們還可以舉出很多理由來說明爲何我國學術難以生根，例如學術投資過低，教授待遇太差，人事制度不當，政治干預太多，學校管理過於刻板，中小學教科書不合於工業社會需求等等。但是，如果能適當的解決前述三類問題，至少對大學及研究所的發展會有幫助，並可能使學術提早生根。

（《中國論壇》19卷2期，73年10月25日）

人文社會科學研究的方向

　　據報載，國家科學會已聘請華嚴教授擔任該會人文社會組主任，將來想必有一番新的措施。我們的人文社會科學研究，嚴格的說，已停滯了許多年，如今要重新作有效的發展，做起來怕還相當艱苦。今當華教授視事之初，願就愚見所及，獻言一二，或可為參考。

　　其一，國科會對人文社會組的經費應作適度調整。據新聞報導，國科會每年可用於研究的經費約四億元，而人文社會組僅二千萬，佔二十分之一。這個差距實在太大了些。發展技術或科學理論固需要大筆經費，研究社會現象，以至成為可解釋社會現象，或為解決社會問題的理論與策略，又何嘗不需要大筆經費？社會問題那麼多，以區區二千萬元作為全國研究所需，試問能做幾個計畫？事實上，四億元也是個小數字，要擔負全國科學研究，已經是杯水車薪，談何容易。

　　或許有人說，假定二千萬都用不掉，增加經費幹什麼？我以為這是不可能的，除非故意不用，或根本不知如何去用。所以，我們還是希望增加經費，以加強這方面的研究。現代社會需要新技術，但新技術會帶來新的社會問題，這就需要人文及社會科學家來共謀解決之道。也是人文社會科學家的責任。然而，沒有錢或錢不夠，是辦不到的。

　　其二，建立人文及社會科學在研究成就上的客觀標準。許多人，特別是自然科學家，看到文人相輕或文人相輕的文章，便認為這方面沒有客觀標準。其實這是一種誤解。就社會科學而言，這種標準不但

存在，而且很普遍。比如庫茲勒斯的國民所得理論，派生斯的社會均衡理論，湯因比的文化發展理論，不是已成為世界性的分析工具了嗎？怎能說沒有標準？也許人文社會組還沒有碰到過這樣高成就的研究者或研究計畫？等而下之的客觀標準還是存在，如研究者所提計畫是否為值得研究的問題（問題取向）？研究假設的理論依據是否正確？研究設計是否合理而週詳？搜集和分析資料的方法與工具是否可行？結果與推論是否正確？這些都有一定的客觀標準，不是可以隨便解釋或任意「相輕」的。人文社會組如能在審查計畫或發表成果時，設法建立這類標準，則相信對學術成就會產生積極的推動作用。

不要以為國內完全沒有人才，這些年來，我們的實徵性研究，可能比客居國外的若干學人還多些。現在的問題是：如何建立我們自己學術上的自信，客觀標準，和普遍理論。

其三，人文社會組應主動選定研究方向和研究範圍。多少年來，我們的人文社會科學一直停留在零星研究上。這種研究不是沒有用處，只是對國家整體發展來說，為效不大。舉個例，臺灣的家族資本或社會結構對將來的經濟發展究竟會扮演一種什麼角色？像這類廣泛而複雜的問題，不獨非經濟學家所能完全勝任，也非短時間所能完成，必須結合許多學科經長時間的科際合作研究，才有可能獲得較為具體可信的結論。人口，都市化，犯罪問題也一樣，都不是一蹴可幾。

我們以為，今後人文社會組在研究計劃執行上，如能以兩三年為一期，選定若干迫切問題，排定優先次序，再逐一研究，將為一可行辦法。國科會可公開徵求研究者（以經驗、著作，及研究設計為主要參考條件），也可主動邀請有經驗之研究者，提出研究計畫，經過較嚴之審查程序後付諸實施。這樣，數年之後，成效當可預卜。

（《聯合報》，65年9月18日）

仕而優則學

《論語・子張篇》，子夏曰：「仕而優則學，學而優則仕」。在《論語》裏，這兩句話跟上下文沒有什麼關係，是標準的語錄體。子夏爲什麼說這兩句話呢？《論語》中沒有交代，我們也不知道。在孔子的諸弟子中，子夏以文學見長。那時的文學，包容性很廣，孔子就說過「不學詩，無以言」的話，子夏正是「詩」的傳承人，也許是有感而發。孔子是第一個把知識普通化的人，子夏等人說不定還是第一批傳道受業的學生。從當時的環境來看，知識雖已有逐步解放的跡象，政治卻還掌握在貴族手裏，那些掌權的人，不是皇親，便是國戚，卻不一定都有知識。子夏等人從孔子而學，屬於創新派人物，認爲沒有一點學問，很難成爲一個優良稱職的官吏；可是政權是因血緣關係承襲過來的，無法改變，於是退一步遷就現實，主張「仕而優則學」，做了官，尤其是有決策權的官，多讀點書，也可以補不足。這也許就是子夏首先提出仕而優則學的道理。這跟「行有餘力，則以學文」是一個理論層次。依照這個推理，子夏自然沒有理由不承認「學而優則仕」的原則。所以，仕而優則學和學而優則仕，是兩種情境中的一個原則，就是要多讀書。管理國家事務需要知識，讀書是知識的主要來源。

這個原則本來很好，可行性也很高，但漢以後的官僚系統中逐漸

起用讀書人，隋唐以來的科舉制度，更是成爲讀書人當官的主要階梯，使讀書人的社會聲望和政治地位，節節升高，形成所謂士紳階層，讀書變成一種致仕的工具，社會上便只見「學而優則仕」的流風了。其實這不是儒家，至少不是子夏的原意，只因時勢所趨，發展而成這樣一種士人政治罷了。事實上，士人政治也沒有什麼壞處，站在管理的立場，有知識總比沒有知識好得多。錯誤在於歷來的政府，只強調做官，而把百般職業都壓抑下去，以致阻礙了各種實用知識的進一步發展，使生活狀況不易獲得改善，終至演變成「萬般皆下品，惟有讀書高」的局面。不過，從當時的農業環境而論，知識的變動既不大，也不快，一個讀書人，在十年寒窗之後，一旦獲得功名，再去爲官，仍足以應付行政上或政治上的要求，即使仕而優不學，也不致出什麼大問題。

現在我們了解，子夏的求知原則，實際可以解釋爲兩種不同政治情境下的運作方式，「仕而優則學」對知識不足的貴族統治階層較爲有用，「學而優則仕」對知識豐富的士紳階層較爲可行。子夏是在他所處的轉變期中提出這個辦法，以應付當時的政治環境，想不到他的後半句話，竟在我國社會上流行了二千多年而不衰。不知是子夏看得太遠，還是後來走得太慢？

目前，由於政府借重專業人才，許多專家都被禮聘去做官，看起來，「學而優則仕」這個觀念，還有它的解釋力。這倒是個好現象，如果政府的每種職位都用學有專長的第一流優秀人才。不過，這畢竟是個知識變動非常快的工業社會，去年的新知識，到今年可能已經不管用了，如果是十年、八年前的老觀念，無論是制訂政策或執行政策，都必然造成很大的損害。這就使我們想到，置身於這種動態環境下的官員，恐怕不能再以「學而優則仕」自恃，成天的開會和致詞，而必

須回過頭來，想一想子夏的話，在適當的時候，抽點時間出來，仕而優再學一下。如果是原來就學得不夠多的官員，更應該遵從子夏的求知原則，「仕而優則學」了。

這也可算作復興儒家文化途徑之一吧。

（《中國論壇》11卷10期，70年2月25日）

談學術上的自省和自信

一

民國四十年代，大陸來臺的學者不夠多，也不夠整齊，臺灣本地培養的學術工作者，尚未成長，的確呈現青黃不接的現象，於是有人叫做「文化沙漠」。雖然有些不中聽，但那時的情況真的相當壞，大陸的作品，無論小說、戲劇、詩歌，或人文社會與自然科學的著作，都遭禁止，臺灣在日人佔領五十年後，可讀的中文作品極少；僅靠幾個從大陸播遷來臺的作者，在各方面維持殘局，烏有不成為沙漠之理？

經過幾十年的努力，在臺灣受教育而成長的作家才漸漸多起來，無論文學、藝術或學術研究工作者，都有相當的成就。例如，小說、詩、畫、雕刻的創作，人文，社會科學的研究與發現，農業、工技的新發明，都可以說是從頭做起，而產生了今天的開創局面，這種結果實在得來不易，一方面靠社會大眾的辛勤努力，另方面也靠和平環境下的經濟成長和趨向於改革的政治體系。

這種新的成就，基本上得力於本地的教育和培植，但也不可忽略，其中有不少人曾經透過外國的教育手段，而塑造成一種特殊的意

識形態。例如，在許多小說、繪畫的創作上，帶進了西方的技巧，在學術研究上，利用了過多的西方模式。雖然不可否認其成功的一面。

二

　　由於對西方文化的學習和了解，難免不產生一些認知上的問題，而造成爭辯。文字藝術上的學派之爭，除了某些特殊技巧，無論如何，它必須具有較高程度的中國風格，才易於推廣和為人所接受，尤其是小說，不但要有中國的意境和故事，而且要是中國人可理解的語言和推論方法。這就比較容易建立中國式的發展模式。

　　社會科學就困難得多。中國人一向喜歡引經據典來解釋眼前的現象，現在卻要用外國人研究外國社會所得出的理論，來解釋中國的社會現象。這不僅牽涉到不同學派間的爭論，還牽涉到不同文化和行為間的爭論。以社會學為例，衝突論、結構功能論、社會交換論等等，都被用來解釋我國人的行為，或社會現象，而且都先後被認為是重要的理論，那麼，究竟什麼是重要的？如何去肯定它的重要性？這些由外國人，以外國社會發展出來的理論，真的能完全用來分析中國的社會和文化嗎？顯然有些問題，但如何去突破這種困境，目前雖然有些研究者正在反省，距離成功的目標尚很遙遠。

　　另一個問題是，我們這種跟着外國人走的方式，不但失去可能的創作性，且往往令人困惑和迷失方向。以社會學為例，美國社會學界，一九六〇年代的盛學是結構功能理論，我們跟着走，已經遲了一步；七〇年代，美國忽然轉了向，又強調衝突理論，於是我們又要跟，否則，就彷彿不時髦；諸如此類，我們可能還要跟從歐洲的結構主義、詮釋理論等的腳步往前走。這樣，究竟要依賴到什麼時候？

模仿並不一定是壞事，可是，戰後我們已經模倣了幾十年，總不能老是用別人的概念、理論，或方法來做我們的研究架構吧？創新也許是困難的，然而，邯鄲學步，又何嘗容易？

三

百餘年來，中國一直在向西方學習，最早學造槍砲，後來學民主、科學，現在呢，過了那麼多年，似乎還是在學那些東西，雖然形式和內容有些改變。我們為什麼總是擺脫不了它的羈絆？原因或困難究竟在那裏？這是值得我們檢討的：太懶、太盲目崇拜，還是太低能了？

就目前的學術研究而論，至少有下列幾點，必須作進一步的探討，以對某些疑慮做適度的澄清。

其一，理論與方法上的應用問題。這些年來，由於學人回國服務，由於學術界本身的努力，研究結果已有相當好的成績。但是，這些成績多半來自兩部分：一部分是應用外人，特別是美國人發展出來的方法，作為我們的研究方法，無論是量化的還是非量化的研究。這種研究結果，往往只是為原設計人補充一個異文化的例子，為一種驗證的工作而已。例如，用鄧肯 (O. Durcan) 研究美國職業聲望的架構，來研究我國的職業聲望；用達爾 (R. Dahl) 研究美國社區權力的方式，來研究我國的社區權力結構。另一部分是應用外人的理論，作為我們的研究假設，然後建立研究架構，去從事資料搜集和分析的工作，希望獲得新的發現或概念。例如，用墨頓 (R. Merton) 的理論模式去研究偏差行為；用米爾斯 (C. W. Mills) 的概念去研究權力衝突。以上兩類研究，的確都有很大的價值，可是，都只是替外國的

研究方法和理論作註釋，無法跳開原有架構而創新。我們是不是應該進一步考慮，建立自己的理論體系？特別是一些與社會結構和文化模式有關的問題。這眞的不是一件容易的工作，有不少困難需要我們的努力去克服，然而，總得有個開始。

其二，實徵研究與理論闡釋的制限。實徵研究有它早期的歷史傳統，如馬林洛斯基，如涂爾幹，他們從某些特殊社會現象，歸納成一些概念或理論，可以做爲類似研究的假設條件，以爲進一步驗證之用。這類研究，在一九五〇年代及一九六〇年代的美國社會學界，尤以結構功能學派，做了很多，例如社區研究，小團體研究，組織研究等等，個別的結果均有相當大的成就。但由於受到研究範圍或標本的束縛，雖在某種程度內可以解釋現象，無法作較廣泛的推論，使得在大型理論的建構上，難以令人滿意。臺灣的社區研究，旣是抄襲美國模式，自然也面臨這一挑戰，研究者無法從少數社區研究的結果，推論所有社區的一致性。所以，當研究者企圖從實建立一種普遍理論時，常感到力不從心。

但是，反過來，不做實徵研究，僅是從事某些理論的闡釋研究，又似乎更難以達到突破的境界。例如，高登諾 (Alvin Gauldner) 花那麼多筆墨去批判派森思 (T. Parsons)，結果只是說明了他自己對米爾斯 (C. W. Mills) 的權力理論的應用而已，不曾產生任何新的創意。中國人花了千餘年的精力去解釋孔孟之說，所得結果也仍然有限。至於說，用什麼理論或方式去解釋社會現象，那是無關緊要的，因爲這需要研究者的衡量與採擇。

也許我們可以這樣說，一個國家的學術成就，斷非一二日之功，更非一、二人之力所能致，可以把責任推諉到時間和人力上去，但這不是辦法。每一種研究方法，特別是由外國移植進來的方法，都可能

有它的長處和缺點，問題在於我們能不能鑑別？以實徵研究爲例，對訓練研究人員，建立小型理論或中程理論就較爲有利；對普遍性推論，就受到限制較大，除非有足夠的整體資料可供使用。

四

建立理論的目的，就在於爲個別的社會現象提供合適的解釋。

「解釋」是另一個使研究人員頭痛的問題。有些歷史學家主張把歷史還之於史實，不作任何詮釋。這對於考證項目，大概有某種程度的可行性，對於歷史事實，恐怕就無能爲力了。因爲沒有任何一種記載，可以供研究者在不能解釋的情況下，把史實連續起來，而又能自圓其說。

社會學者面臨了同樣的難題。最早的社會學家之一，韋伯（Max Weber）就強調了解現象的「意義」。並且強調領悟式的「了解」。我們可以相信，所有的社會學研究者，決不是爲了玩文字遊戲，而是企圖解釋現象，並尋求問題的解決辦法。然而，現今的研究方法，難以達成這種使命，觀察訪問法，對於早期社會的復原工作，可能相當有效；但對於研究動態的工商業社會，實感難以應付，更不足以應付心理與性格傾向研究之需。問卷量化法，可以處理較爲龐大的資料，可以用數量顯示變項間的相互關係；可是，當需要進一步解釋時，通常都有困難。這種困難，甚至不是再分析幾項資料或再做幾次研究就可以獲得解決的。

我無意非難這些研究方法，只是在多年來的研究過程中的確碰到一些問題。這些問題又使我產生了一些疑問，第一個疑問是，假如文化的差異性存在的話，我們應如何謹愼的使用自外國引進的理論和研

究工具，以免導致錯誤的解釋？我的意思不在於排斥，而在於修正原有理論，或建立新的理論與研究工具。我的第二個疑問是，建立本土化的新理論和新工具，談何容易，我們是不是應該從歷史關係中去找線索？歷史關係有許多層次，不應止於推崇儒家傳統。現在的社會科學界，連國外的一個小概念，小理論，或小方法，都拿來做實徵研究，為什麼對本文化許多早期的理論、概念，仍棄之如敝屣呢？這真是一大諷刺。李約瑟已經替我們做了一次傑出的舖路工作，我們沒有理由再因循下去。而且，從李約瑟的研究結果中看得出來，這條路是可以走得通的，問題在於我們能投下多大的努力。我曾經花了些時間，從《易》傳中去尋找中國人的變遷理論，結果相當不錯。所以，我認為，建立屬於我們自己的理論和研究工具，並不是不可能。

（《人文學報》5 期，69 年 6 月）

從教育角度看諾貝爾獎

　　每年到了這個時候，諾貝爾獎宣布期間，我們的傳播媒體，特別是報紙，總會熱鬧一陣子，如果有中國人當選，簡直是熱鬧非凡。獲得諾貝爾獎自然是件值得驕傲的事，為個人的無上光榮。

　　其實，假定諾貝爾獎十分公平，個人是否能得到，也有幾分運氣，試想，在幾百個推薦人選中，差不多都是頂尖高手，每類只能挑選一人，或至多二、三人，除了成就非常突出，的確是一種相當困難的選擇。沒有一個國家願意嘗試，刻意去培養一個諾貝爾獎得主，這不僅是冒險，也沒有太大的意義。諾貝爾獎的真正意義，在於鼓勵研究上的創新和突破，一個國家在眾多的傑出研究成果中，就可能出現幾個諾貝爾獎得主。這不但需要極好的研究環境、經費、設備，還需要有極好的學術政策。以我國目前的情況而論，針對這種現象，自以改善基礎教育和學術環境為第一要務，所謂「臨淵羨魚，不如退而結網」。改善之道，舉其要者，約有下列三點：

　　第一、教師薪資結構必須儘快改善。目前薪資上有兩大毛病：一是各級學校（小學至大學）教師薪資，普遍偏低，已到了不能仰事俯畜的地步，非國民所得三千多美元國家所應有的現象；二是薪資的一元化，不僅不能鼓勵傑出人才，而且造成反淘汰趨勢。例如每年發表多篇論文的人，跟多年不發表論文的人，所得完全相同。這種薪資政

策，實在無法鼓勵人努力工作。

第二、單向的教授方式必須改善。許多年來，各級學校的教師多半採取教師說，學生記的方法。幾十年下來，現在連許多研究生也不願意多讀教授指定的參考書了。如果自小學就開始讓學生多發問，並組織小組，討論課程與課外活動，相信對鼓勵學生自發性思考，一定有很大幫助。

第三、缺乏彈性的教育政策必須改善。我們相信，教育主管機關多管是善意的。可是，若管得太多，一方面剝奪了各校的自主權，另方面也降低了競爭力，使每個學校看起來都一樣，自然無法提升教育和學術水準。

改善教學環境的方法很多，這裏只提出幾個基本構想，還望有關機構熟思之。

（《民生報》，75年10月21日）

哈佛的三五〇週年

　　一六三六年九月三日，「哈佛」在現今一個名叫「劍橋」的小鎮開辦時，相信全世界的文化界沒有人知道；三百五十年後，哈佛過生日，全世界的文化界卻沒有人不知道。三百五十年有多長？那是我國明代最後一個皇帝，崇禎九年丙子。已經接近我們的近代史範圍了。哈佛的成就在那裏？不說別的，僅二十世紀的幾十年間，培養了二十九個諾貝爾獎得主，也就值得驕傲。當然，這也不是從美洲土地上冒出來的，還有歐洲的文化傳統。

　　反觀我國，西漢時代就在中央政府所在地創辦大學（太學），設立專業教育的五經博士，並在全國各地開辦地方學校。以後各朝代，名稱雖有不同，卻從未中斷過。宋代普遍設立私人書院，也許更像現在的大學和研究所制度，不僅分科很細，而且獨立性甚高，完全不受政治干預。那是公元前二世紀和公元十世紀的事。朱熹主持有名的「白鹿洞書院」，是十二世紀的後期。可是，我們現在實行的大學和研究所制度，卻完全是從西方抄襲過來的；留學政策也實行了一百多年（始自一八七二年），到今天還是在談「師夷人之所長」，真不知該學到什麼時候？

　　檢討這一長時間的一長串問題，有幾點似乎值得反省：第一，多年來我們只學會西方表面上辦學校的形式，卻不知學習他們那種辦學

的精神，如以經費支持和鼓勵研究有成就的學者，維護學術的自由和自主等。

第二，我們只學會派校長，卻不知該派什麼樣的人去做校長，如果把大學校長當官做，學術發展自然要落空。

第三，我們自己的學術環境既然一直無法改善，就只好重用歸國學人，重用的結果，造成反作用，又加速了出國留學的心態。

第四，我們的教育政策，似乎總想獲得廉價的學術報酬，不肯投資，卻希望豐收。以目前教授和中小學教師的廉價勞力，如何能鼓勵做學術生根的工作？

面對哈佛三百五十年的成績，我們這個文化古國實在覺得汗顏。希望決策當局，儘速解決教育政策上的矛盾和難題，加速發展學術研究。否則，再過一百年，我們恐怕還要派人出國去「師夷人之長」。

（《民生報》，75 年 9 月 6 日）

對教育部的幾點期望

　　清華大學校長毛高文先生經執政黨內定出長教育部，這是典型的學者從政。我們可以想像，將來的工作，必然比做校長要複雜得多，因為必須合適的應付，甚至滿足各方面的需求與壓力。一個學者，踏入官僚組織中，能不能在現有或突破現有的制度與法令，衝開一條出路，把一些陳年的老問題加以紓解，並樹立新的規範，就相當的值得思考了。

　　學者從政的好處是，可以拋開官僚體系中的許多壞習慣，直接從政策層面去了解事實真相，並要求徹底執行，以達成政策目標或修改政策；壞處是，幕僚人員往往會利用作業過程或官場陋習的說服力，使政策打折扣。如何克服這種困境，就看決策者的洞察力和魄力了。學者從政的最大毛病是，很快就被官僚組織同化，變得缺乏擔當而戀棧，甚至比官僚還更官僚，這就毫無指望了。據報載，毛校長在清華已有很高的聲望，理性、開放，而又腳踏實地的去做，這對推行將來的部務，會產生很大的動力。

　　長年積累下來的教育上的問題，實在不少，一直都沒有人勇敢的去面對問題，嘗試解決。我們願意在這裏提出幾個相關的基本問題，希望毛先生就任教育部長後能儘快研究出可行的策略，使我國教育能早日步上正軌。

其一是中小學教育與教科書問題。我國歷史上曾經有兩次非常成功的教育方式，一次是春秋戰國，一次是宋代，兩次都是提倡私人興辦教育與自由講學，結果成就都非常高。因而我們認為，改變目前中小學教育方式，開放中小學教科書的編撰，將是教育成功或失敗的關鍵所存。既然要發展科學，維持經濟成長，建立民主制度，就必須在中小學的日常生活和科學教育上朝這個方向訓練，否則，我們將無法跟工業國家競爭。

其二是各級聯考問題。西方學校在選擇學生的時候，有許多彈性的辦法可以使用。中國人由於外在的政治權威和人情壓力太大，只好用嚴格的考試來維持它的公平性，可是還是有很多考前的不公平存在，如地區偏遠、無錢補習、區域性師資和設備不良，幾乎都無法補救。教育部可否試圖從調整師資和設備方面着手，使各校的差距縮小，以降低集中少數學校的競爭趨勢，將來也許可以做到不必以考試成績升學的地步。只要有考試，就必然淪落到考試領導教學，中國歷史上考了一千多年，年年如此。

其三是私立學校經費問題。現在辦私立學校，有的不按牌理出牌，把從學生賺來的錢放進私人口袋；有的按規矩認真去辦，又經費不足，師資、設備都無法改善。將來是否可在加強會計檢查制度之下，讓私立學校按成本收費，以改善目前的困境？再用獎學金、公讀、貸款等辦法，幫助經費有困難的學生。

其四是大學校風與研究所問題。大學不是職業訓練班，這是誰都知道的事。大學之所以要強調開放、獨立、自由、與創造，就是基於教授和學生間互動的理念，以陶冶人格和推動學術創新。為國家計，大學自應排除任何外力干擾，在合格的校長和教授領導下，建立各校的特色。特別是博士研究生的訓練過程，如果再失敗，我們將永遠無

法挽回留學的頹勢。

　　其五是教師的地位問題。教師與公務員，無論就工作方式，工作性質，工作目標，或升遷制度而言，都有相當大的差異，實在不應該在同一標準上來計算年資，薪水與地位。教育部應該設法，把各級教師從公務員的行列中抽出來，立即研究廢除考績，並改善薪資結構，建立永久聘任制，這對我國的教育將產生積極的影響。

　　這幾個問題，也許沒有太多新穎之處，只是經過多年的研究、討論，始終懸而未決，要是仍舊拖延下去，那就跟我們常識上所了解的政務官的意義，有很大的出入。我們也知道，教育部能不能解決一些問題，還需要大的政治環境去配合。希望在目前政治開放的條件下，中央不要過分干預，讓教育部長能充分發揮決策者的功能，負起成敗的責任，這對執行教育政策是有利的。

　　　　　　　　　　　　　　（《聯合報》，76年7月3日）

何不善用自主權？

最近教育部下了一道命令，對爭議甚久的中學生頭髮問題，只提出幾個原則，要求各校自行處理。按理，這種具有高度彈性的上級命令，對各校充分行使自主權，有很大的鼓勵作用，各校應該表示歡迎。可是，衡諸事實，除了少數幾個學校已經作成決定外，多數學校都持觀望態度，提出許多藉口，跟學生打太極拳，不知究竟在等些什麼。

以往，我們有機會跟基層人員交換意見時，他們抱怨最多的就是上級管得太多，什麼事情都規定得好好的，不給他們一點自主權，因而事情辦完了，不論成功或失敗，既沒有成就感，也沒有什麼過失可言。這也是多年來影響行政效率的一大通病，當我們檢討的時候，多半會集中在兩個焦點：一是改善行政效率應從基層開始，因為只有基層才真正接觸羣眾，才知道問題的癥結在那裏，從這裏一層一層的推上去，才有可能使政策落實；另一是充分授權和負責，權力加大也即是責任加重，既可增加行政人員的成就感，又可迫使他們多用思考，自行設法解決問題。但是，這個行政上的死結，一直沒有獲得妥善的解決，原因在於主管不願意大權旁落，基層也沒有盡力去爭取。這次教育部把拖了幾十年的頭髮小事，主動交給各校自行處理，應該是各校爭取自主權的一個大好機會，那裏還有時間猶豫不決，儘在一些小

節上動腦筋？例如會不會有人把頭髮弄得奇形怪狀之類。

　　這種遲疑不決的態度，究其實，大抵不外幾種因素在作怪：一是奉命行事慣了，一旦要自己作主，反而不知道該怎樣行動；二是一向依賴上級指示工作，失去了獨立作業的膽量，總怕發生意外；三是長久依賴的結果，使自己缺乏分析的能力，不易判斷行動的正確性。在這幾種複雜因素的糾纏之下，積弱不振，自主權就無從發揮了。

　　在此我們還是盼望各校能積極的擺脫這種困擾，給學生以蓄髮的自由。老師談過了，學生談過了，家長也談過了，不必再徒事遷延，一方面為了執行上級所給予高度彈性的命令，另方面也是表現各校的自主性格。

　　　　　　　　　　（《中國時報》，76年3月9日）

從大學教育論大學校長

我讀四年大學，卻歷經三位校長，不知是幸還是不幸？三位校長各有不同風格。

第一位校長不善言辭，可以看得出來是一位誠實的長者，據說他的專業成就相當高，頗有國際地位。有一次，學生自治會請他到餐廳解釋一種引起誤會的學校行政。他來了，站在木條機上也不夠高。現在已記不起他說過些什麼，只記得似乎有叫聲、也有噓聲。他下去了，仍然是那麼祥和，給我的印象很深刻。我當時祇是一年級，在他說話不遠處用午飯。他穿得似乎是一件藍長衫，緩緩的走向辦公室，好像不曾發生過什麼事。

不久，他就離開了。來了另一位校長。

這位校長頗有點叱吒風雲的味道，他帶來許多新計畫。計畫之一就是要我們學會讀書，也學會做事。自治會顯得非常活躍，校內、校外的活動都很忙碌。有一次，一位從大陸赴美經過臺灣的學者，準備在校內發表演說。自治會認為沒有必要，一夜之間在校園內張貼海報反對。可是，第二天又滿是贊成的海報。結果是在中山堂舉辦擴大演講。這真是一種辦事的藝術。

他常到學生餐廳去吃午飯，我只碰過一次，一邊吃，一邊聊天，聊的就是身邊或歷史上的小問題。又有一次，他到我們宿舍去，坐在

走廊上指着對面的山，開玩笑說，風水很好。不久他眞的氣倒在省議會。開弔時，我們從校園步行到殯儀館，幾乎每個人都哭了。

我們也不知道究竟失去了什麼，然而，總覺得他是爲學校、爲同學而犧牲了生命。有一次，不知是學潮鬧大了，還是學潮的反作用太大，不少同學遭到逮捕。他沒有訓話，也沒有指責，只是設法營救。我們當時想，他未必是寬容，只是盡保護的責任而已。

後來，又換了一位校長。從未交談過，只偶爾遠遠望見他站在典禮臺上說話。

這樣的三位校長，在我的印象中：第一位彷彿是忠厚長者，用行動教導學生的行爲方式； 第二位是積極型人物， 企圖用各種有效方法，把學生推向積極、進取、好學的方向；第三位是默默的工作，但求扮演好自己的角色。也許從這裏已可領悟，不同性格類型的校長會把校務帶向不同的領域， 或者說， 會對教職員和學生作出不同的要求，最後，所完成的大學教育任務，也可能有相當大的出入。

廓清辦學目標　　因事用人

大學教育的目的是什麼呢？我們最好拋開那些抽象的理想，而從實際的事實加以省察，然後就可能較容易明白，我們的大學教育究竟應完成那些任務，以及能完成那些任務。這樣，就可以進一步了解，理想的大學校長應具備那些條件。

依照我國大學院系的分類標準，大致可以把課業範圍分成兩類：一類是應用性較大的課程，如商、工、醫、農、師範諸院系；一類是非應用性課程，如文、理、法、社會科學諸院系。應用性課程具有某種程度職業的或技術的訓練，畢業後立刻可以作爲謀生工具；非應用

性課程多半只是知識上的傳授。事實上，即使是應用性課程，也不能完全用職業的尺度去衡量；如果是這樣的話，辦職業訓練班就夠了，何必辦大學？大學顯然有些更重要的任務，例如知識上的啟發作用、陶冶性格、加強文化的創造性取向，諸如此類，跟將來的工作未必便有關係。這就是說，基本上不應用就業觀念去衡量大學教育的成敗，大學是一種傳授知識、建立人生觀、了解社會責任的地方。大學生可以利用這類知識去謀生，也可以用別的方式謀生，而把大學教育作為支配或改變思想之用。

例如我們把大學教育作為學校教養過程的最後階段，則它的重要性應不下於家庭教養。家庭教養主要在於灌輸社會規範和社會價值，使青少年的社會行為合於社會要求，為社會所接受，也接受這個現存的社會。大學教育除了傳授一些專門知識外，就是繼續在一連串學校教育之後，完成或某種程度的完成塑造理想行為的最後過程。用具體指標來說，大學教育必須做到：（1）傳授專門的和普遍的知識，並要求從理論和方法上去理解知識，了解社會或自然現象；（2）建構理想的人生觀，使青年懂得努力的方向，以及未來的事業遠景；（3）塑造理想的行為模式，使青年人在制度、價值和規範方面，不僅能順從，也知所創新；（4）強調社會責任，人不僅為個人成就而努力，也要為社會大眾貢獻心力，使整個社會能不斷的獲得改善。因而，大學教育的最終目標是企圖塑造一批又一批理想而近乎完美的知識青年，將來為國家、社會肩負重大任務。

如果這種說法是可以接受的話，那麼達到這種目標的手段或教育方法必須是理性而開放的。也就是在一定的政策下，大學裏的教育和行政是一種理性過程。所謂理性過程就是合於民主程序而制度化。從這個觀點而論，大學校長就不是人人可以做的，他必須具備一些積極

的條件，同時還要避免某些消極條件。

認清角色功能　勇於任事

　　理想大學校長的積極條件，可以把前述三位校長的特性加以綜合，並加上一點別的能力，大概也就夠了。第一，他必須開創一種自由而開放的風氣，使所有教師和學生能生活在這樣的情境裏表達、學習以及參加各種各樣的活動，而不受到干擾。這裏所謂的不受干擾，並不是說無視於校規和法令規範，而是指不要有太多的壓抑和限制。現在各校的一些制度，特別是訓導處和軍訓處，不僅對學生的活動給予許多不必要的干預，就是對教授和校長也帶來挑戰。不知道爲什麼，我們的許多制度，不向發展和開拓的路線走，總是想管，教育部想管大學、大學校長，校長想管學生、教授，這樣層層的管下去，試問還有什麼作爲？更不必說自由、開放的校風了。我覺得這眞是中國文化的一大諷刺，孔夫子倡導學術、教育自由，產生了春秋戰國時期教育和學術上的輝煌成績，後期儒家卻把教育和學術封殺了。我們現在的大學校長，縱不能開創一條新的道路，恢復孔夫子的精神總不爲過吧？

　　第二，他必須設法突破目前教學上因襲和墮落的困境，鼓勵創造，把大學教育帶到能夠創新和應付工業社會需要的境地。這是一種使人無法理解的歷史因素，我們抄襲西方，特別是美國的教育制度和教學方式，已經幾十年，到今天，我們的教科書、理論、方法、技術，還是仰賴美國，這究竟是誰的過錯、懶惰，或無能？我們並不是主張完全擺脫西方學術的羈絆，但至少總得在大學裏用自己的語言作爲思考的工具。現在，大部分教科書都是英文寫的，則所謂啟發性思想從何而來？其次，學生不讀書、教授不做研究，似乎已經成爲理所

當然的事，一個為了文憑，一個為了薪資，誰也不怨誰。這種事不知從什麼時候開始，難道真的無法改善嗎？一些有魄力的校長，應該可以說服決策人或機構，釐訂新的政策，加強淘汰不認真讀書的學生、不認真教書和作研究的教師；差別待遇（包括薪資和別的獎勵）也應該可以在某些客觀標準下建立起來，不然努力和不努力的結果完全一樣，那還有什麼公平可言？這樣，突破困境，乃至創新，才有可能。大學都不能創新、發展，這個社會的希望該放在那裏？

第三，他必須有能力建立一套客觀的標準，以衡量學生、教師，和學校在工作上的成就，藉以加強個人的努力和對社會的責任感。學校和社會不是兩個不同的世界，尤其是大學生，絕不是學了些專業知識，就算完成了任務，因為他們馬上就要到社會去面對現實，面對新的挑戰。所以，大學裏學的東西應該是全面的，教授也應該教全面的，校長更應該從全體的觀念去處理校務，例如，知識的、人格的、情感、社會的、政治的……。每一個大學都有它的普遍性成就，如知識和專業，也有它的特殊性成就，如不同的社會聲譽。這樣，不同大學的學生、教師、和學校就有不同的社會地位，也正是大學校長努力的目標，把學生教養成一流的人才推出去，把一流的教師請進來，然後就是一流的大學和大學校長。

理想校長的性格與行為

為了完成這三大條件，理想的大學校長還必增加下述八種有關性格和行為的小條件：

（1）誠實而厚道，有判斷是非的能力。

（2）胸襟開放，能容忍異己，接受異見。

(3) 無官僚氣，能與教師、學生作面對面的溝通。

(4) 具有理性而民主的辦事精神。

(5) 堅守崗位，能默默的爲大學教育認眞而努力工作。

(6) 積極而進取的處理教務和校務。

(7) 具有相當程度的學術地位，也尊重學術。

(8) 能提出發展策略，並徹底執行。

雖然我們提出了八點要求，歸納起來，也許兩大類就可以說明：前四點可以名之爲「誠實而開放的性格」，後四點可以名之爲「認眞與積極的行動」。

也許有人說，條件太多了，不容易覓得這樣的大學校長。我們則認爲，僅有那些積極條件還不夠，必須排除一些消極條件，才能眞正成爲合適的大學校長。例如，不要以辦大學教育作爲升官的跳板，不要把大學當作訓練機構，不要以大學職位作爲應酬的籌碼，不要在大學裏搞政治運動，不要讓教師過分和政治結合等等。

把這些積極和消極的條件綜合起來，應該可以成爲一個合適的大學校長。合適的大學校長必然可以培養出合適的教師、學生，將來也必然適合國家、社會的需要。反過來看，如果想佔一時的便宜，派遣一批不合適的大學校長，就必然造就一批又一批不合用的學生和教師，這些人可能很聽話、很順從，卻未必能擔當重任，在必要時爲國家、社會分憂。

我們認爲，大學校長的好壞，的確關係到一個國家的人才培養、社會風氣、學術發展、國家盛衰諸重要問題，如果輕率任命，不愼重選擇合適人選，受損害的將不祇是學生、教師、學校，而是整個政府、國家，和社會。

（《中國論壇》18卷6期，73年6月25日）

私立大學專辦文法科？

近些年來，私立大專院校一再抱怨學費太低，以致各校均感經費不足，無法改善師資和設備。許多學校以學費收入與公立院校預算作比較，認為低得不成比例。在評鑑時，各校也多半以此作為難以改善教學的藉口。經費不足確是事實，但並不是每一個問題均與經費有關，許多事情還是可以在現有狀況下加以改善的，例如改善校園風氣、提高學生學習興趣、加強學生行為能力、發揮社團羣體功能等等，都不必增加經費就可以做得到，然而，各校並沒有做得很好。這使我們想到，即使增加了經費，也未必就真能把學校辦得更理想。社會上還流傳，有些專科學校已經賺了不少錢。可見，如果不以辦學為教育事業的話，再多的經費也只是肥了私人。所以，我們認為，私立大學必須在兩個基本前提上設法努力，否則，仍然難以令人相信增加學費即為辦好學校的必然條件。

第一，確定辦學的目標。我們必須了解，公私立大專院校的教育目標是一致的，儘管院系有不同，其為作育人才則一。大學不是商場，也不是官僚機構；校長不是為了賺錢，也不是為了做學官。不幸的是，現在已經有不少公私立學校淪為機關或商場，不少校長淪為官僚或商人，而學生成為買文憑的顧客。這不僅對教育是一種傷害，對當事人和社會國家也是一種傷害。從這個方向去理解，則所謂私立學

校專辦文法科系的想法，顯然是逃避和推卸責任，有違當初設校的宗旨或承諾。

事實上，現階段的問題並不是私立學校辦不好花錢的理工醫農，就是文法方面，也同樣辦得不理想。以現有情況而論，我們仍然無法肯定，將來有了錢就可以把文法科辦好。我們認爲，各校校長和董事會仍應堅持辦教育的原則，使各校教學漸上軌道，不要走逃避的路線。

第二，建立健全的會計制度。目前各校的經費不足是事實，但據說有些學校經費甚爲充裕，卻不用來改善教師待遇和增加設備。這就令人懷疑，錢究竟用在什麼地方？如果學校的會計制度健全，不僅不會產生這種疑問，還可能招致更多的捐獻。以美國的私立大學經費而論，學費只是其中的一部分，更多的經費可能來自校友、社會人士、社團的捐款。因而，私立大學校長的捐錢本領比學術地位更重要，如果捐不到足夠的錢，董事會就會請他走路。美國的大學競爭那麼激烈，沒有充足的預算那能辦成一流的學校？

我國情況有些不一樣，但也不應完全靠學費收入去編預算，如果改善會計制度，提高學校聲譽，利用有效的辦法鼓勵捐資興學，相信也可以使許多建廟的捐款移轉到學校來。首先應該做的，就是計算成本，學生進入私立大學究竟應交多少錢才算合理；加上可能的捐助；教育部應主動爲私立大學編製一種合理的預算，在可信的會計制度下執行。可惜的是，有的會計師會幫助造假帳，即使建立會計制度，還必須在這方面有點準備。眞是橘逾淮而爲枳，讓我們防不勝防。其次，各校必須編列可行的發展計劃及其進度，如何改善師資、設備、教學，及提高學術水準，卽是說明把收入的錢用在什麼地方。

這樣，對私立大專院校的發展應該有幫助，不像現在，要走到那

裏去都不知道。我們認為，教育部應主動從三方面整頓私立大專院校：一為整理歷次評鑑報告，以了解各校優劣點，並限期改善；二為健全各校會計制度，使學雜費能完全用於教學所需，而學費可酌量依據成本計算；三為迫使各校釐訂發展計劃，以免教學和學術工作無法控制。如此行之經年，也許對雙方都有利。

（《中國論壇》18卷10期，73年 8 月25日）

大學校園需不需要自治？

大學本來是一個單純的教育機構，目的是傳授高深的專業知識，外加一點陶冶性格的作用，何以竟成為社會大眾關心的焦點？這就需要對目前大學的狀況作點了解，並進一步分析大學所可能負擔的任務。

我國校長不必張羅銀子

我們討論大學問題，最容易用來比較的是美國的大學制度，其實不然，美國的大學由地方或各校自行設計，特別是私立大學，校長主要任務是籌措經費，在學術地位和教務上並不很重要；我們不僅有中央的教育政策，經費是政府撥付的，校長也是由教育部聘派。政策、經費、人事既能均由中央控制，各校校長的獨立性和變異性自然少得多，甚至沒有。卽使如此，如果校長的人選合適，有能力推行校務，雖然未必能達到理想的境界，就行政而論，也可謂差強人意。問題是，就過去事實來看，不僅若干大學校長人選頗有可議之處，政策也不無商榷的餘地。我們不能因為經費是來自中央，就失去討論的機會；何況經費仍然是納稅人的錢。

我國的大學校長既然不必為了找錢拉關係、送人情，學術地位、

能力、品德就成爲必要條件。學術地位表示他在研究上的成就，足以爲教授、學生的表率、開創風氣；能力、品德表示可以合理運用經費推行校務，爲社會培養人才。但是，現在的許多大學校長是不是具備這些條件？有沒有可能擺脫一些不合理的要求和壓力？顯然很不容易。據我們從外面觀察，校長普遍存在着一種無力感，似乎什麼也做不了主。遇事必須請示的結果，就造成校內不能解決問題，校外又不了解問題，即使一點點小事，例如上次臺大代聯會事件，也無法獲得合適的解決辦法。這就是危機。

干預太多產生無力感

應付危機的最重要條件就是獨立運作的能力，而在目前的狀況下，大學校長顯然無力處理危機，因爲一方面外來的干預太多，另方面校長本身的私人欲望太強烈。校長都無法推動校務，教授和學生還有什麼辦法？還談什麼教授治校或校園自治？

這種過份的干預固然對學生、教授、校長都造成傷害，可是，受害最大的，還是政府的教育政策。因爲什麼都不能做，就等於浪費教育經費，達不到教育目標，這就是爲什麼歷年來教授的成就感低落，學生對社會國家的疏離日深，看起來熱熱鬧鬧，許多人在運動、唱歌、跳舞，實際卻很少人在用功讀書、研究。這樣也許可以增加校園安寧，增加某些人管理學生的功勞，可是，同時也增加了學生離校後的反社會行爲傾向。

反過來，如果是一位較爲理想的校長，他不僅可以積極推展校務，發展學術，安定校園，對整個社會和政治的穩定也有幫助。這種互相依賴的作用，其實不必說也能夠明白的。

　　現在的大學，在溝通上通常都有困難。從決策方面來說，形成校長決定校務，院長決定院務，系主任決定系務（還有些別的主管，大致也是如此），他人能參與意見的機會很少。這本來也沒有什麼不對，問題是，這些人的工作對象是教授和學生。那麼為什麼不能多問問他們所需要？何況學生在幾年後就畢業離校，主管幾年仍然是教授。總不可能像從前那樣，做一輩子的校長、院長，或主任吧？

學生教授意見應予尊重

　　考慮學生的意見辦學校，接受教授的建議改進系務或校務，除了決策權的權威受了點影響外，可以說毫無壞處，因為這類事件，也不是單方面的強迫實行，而是在會議桌上辯論，溝通後的妥協結果。妥協是民主精神，絲毫無損於合法權威，除非有些人的思想還停留在專權階段。

　　如果決策都是根據公意，或根據大多數人願意接受的方式，還怕什麼政策不能推行，那個校園不會安靜？讓教授和學生對校務提出意見，不僅有助於學校的校務推行和學術發展，也有助於對校外的行動能力：注重維持社會的民主和安全運作體系。

　　我們所擔心的是，靠少數人支持的校長不可能真正而完全的了解全校事務；系主任只有一技之長，也不可能真正而完全的了解全系的學術，大家合起來出點力，事情就好辦多了，何況校務、系務也不是某個個人的私務？

加強溝通有利無害

學校社團是另一個重要問題。我們要問的是：社團的目的究竟是什麼？培養情操，還是訓練能力？無論如何，目前受到批評的大約有下述幾點：一是約束太多，二是溝通太少，三是差別待遇。約束太多，使社團功能萎縮，無法擴展。以新聞社為例，由於言論限制太嚴，使學生有動輒得咎之感。我們為何不能採開放政策，養成學生的開放、積極、進取的人生觀，這對整個社會也是有利的。

我們並不贊成學生干預社會事務，但對自己的生活應該有自主權，以養成獨立、認真、負責的習慣，不必事事仰賴他人的幫助。自主也不是擺脫校規的管理，只是不要管得太多，或太不合理。增加溝通是降低不合理現象的最佳方式。學生通常會埋怨下情不能上達，顯然是相互論爭的機會太少。論爭可以說服對方，也可能為對方說服，這都沒有關係，說服了就照既定政策執行，被說服就修改政策，大家的目標應該是一致的，手段為什麼不能改變？

溝通自然不是片面的強迫行為，更不能有差別待遇。原則上，老師該尊重學生一視同仁；學生也應該尊敬老師，不必故存輕忽。我們不應摻入政治的或感情的因素去處理日常事務，這很容易引起情緒反應，把解決問題的正常途徑堵塞了。

總之，不論什麼社團或什麼目標，養成社員認真、負責、獨立處理事務的精神和能力，可能比什麼都重要，這不僅讓他們認識自己，也認同國家和社會。從這個角度來看，主管人員的態度和能力也就受到考驗了。

校園適度自治可以考慮

　　我們一直強調大學裏的學生、教授，和學術行政人員間建立一道溝通的孔道，主要還是希望有利於推展校務和學術發展。我們整個社會都朝向民主的道路，大學也不是一些孤島，為什麼不能採取較為民主的策略？我想也不見得有人反對這種民主的過程，只是如何運作，以及運作的結果如何，難以預測，乃臻不願輕於嘗試。

　　我們認為，讓教授參與系務，讓教授、學生、學術行政人員共同討論校務，甚至讓學生適當的評論教授，未嘗不是開拓大學教育的一帖良藥。進一步，教授也就被迫，不得不嚴格要求學生了。

　　在這裏，我也許只是姑妄言之，但是，無論如何，我的確盼望教授和學生能對大學教育產生積極性的貢獻。我們都明白，如果不是為了學生，如果沒有教授，那還要校長、教務長、訓導長、院長、系主任……幹什麼？這道理就和國家一樣，如果沒有國民，幹嘛要官員、議員？因而，大學校園內的適度自治，不但可行，而且是必需的。

　　　　　　　　　　　（《時報雜誌》241期，73年7月11日）

大學畢業了

大學畢業了！高高興興的離開學校。

回想當年，日夜拼鬥，爲的就是擠進一所大學，想不到一晃即過，如此的「由你玩四年」，也許不免還有幾許傷感吧！

大學四年究竟做了些什麼呢？如果你在跑道上、球場上沒有獲得過勝利，如果你在學業上沒有獲得滿意的成績，如果你在社團裏也沒有扮演過活潑的角色，假如眞是這樣，現在你該明白，問題出在那裏？

如果導師制度好一些，你也許曾經接受到鼓勵，參與不少社團，學會了如何做爲一個社團成員，又如何去領導社團成員。

如果不是管得太多，你也許已經寫了許多具有挑戰性的文章，爲自己的專業開拓了前途，建立了新的思考方式。

如果許多老師在功課上給你的壓力大一點，你也許已經讀了不少名著，在新知識的領域裏，不像現在這樣空白。

如果在校園、在課堂、在會議上多有一些爭論，你也許會比今天更成熟，更能把自己的觀念表達出來，像一個完全成熟的人。如果……

你也許有好一些「如果」，現在都已經無關重要了，重要的是從今天起，不論你後悔莫及，還是信心十足，你都得跑向就業市場，或

繼續深造，這就叫做面對現實，或面臨挑戰。面臨挑戰的最大敵人就是退縮。就像你在學校曾經遭遇過的情境一樣，只要有一次退縮的機會，以後就不願意勇敢的面對問題了。希望你能勇往直前。

你也許終於了解，讀大學不是全爲了找職業，如果是的話，都辦職業學校好了，又何必辦大學？你也許終於明白，無論讀書或做事，認眞、負責、努力是重要的關鍵，如果不是的話，成功的滋味又算得了什麼？

你終於懂得了吧？讀大學是幹什麼的。祝福你們！

（《民生報》，74年6月19日）

如何改進國中教育？

前些日子，因偶然的機緣而又一次引發國中教育問題的爭論。教育部長坦率的表現對執行教育政策的無力感，使不少人感到旣驚訝，又嘆息。

中國時報對這個問題比較重視，當時便發起徵文，希望了解一般人對這個問題的看法，徵文陸續到了，除少數幾篇當時刊出外，剩下的就在這裏做一次綜合分析。這樣也有一個好處，新聞熱的時候，大家難免不有些情緒化，現在冷下來了，容易做點比較理性的觀察和思考，也迫使冷卻後的新聞焦點，再一次呈現在大眾前面，讓人不要忘了，國中教育問題依然存在，並不因爲在傳播媒介上熱鬧一陣，或指責幾個人就會功德圓滿的。

顯現國人關心教育與社會

這次徵文共收到 308 份，就量而言，已經夠我們做分析了。在讀這些資料時，必須先有兩個基本的認識：其一，這三百多份投書，都是在看到徵文消息後，應徵者主動寫出來的，沒有經過任何安排，也沒有經過抽樣手續，雖相當分散，但未必有代表性；其二，應徵者可能比那些未應徵者，具有較強烈的表達意見的願望，有時不免流於

主觀，甚至有些情緒化傾向。投書並沒有規定格式，因而相當散漫，有的提了好一些意見；有的一個意見也不提，只是指責制度或人的錯誤。整理時頗不容易定出標準。這裏所要討論的一些資料，都是時報資料中心李芸玫小姐整理出來的，在此謹致感謝。

從應徵者的住所和身份來看，308 人中住在城市的有 198 人，住在鄉村的有 101人，住所不詳的有 9 人。城市為鄉村的兩倍，也許可以解釋為城裏人更為重視這個問題。事實也是如此，高中聯考的主要目標是幾個大城市的明星學校，城市中的國中（包括私立初中）競爭自然比較激烈。另方面，城市人對傳播媒介的反應也可能較為主動。應徵者的身份主要為三種：老師 68 人（國中57，高中11），學生 97 人（國中63，高中34），家長及社會人士 143 人（其中以家長較多，尚有教授、研究生、大學生等）。顯示關心這個問題的人，仍以直接有關的老師、學生、家長為多。這樣，呈現在資料上的結果，優點是有親身感受，可能切中時弊；缺點是意見的客觀性可能受到影響。無論如何，在一次普通的徵文中有這麼多人提出意見，要求革除積弊，以建立一個愉快而安定的社會，不僅表現了國人對教育與社會的關心，也表現了參與社會活動的積極性，這應該是一種好的接觸方式。

就投書所涉及的內容而言，真是言人人殊，很不集中。這也可見出政策之不容易釐訂，執行就更不易了。在 308 人的投書中，共提出 71 項意見，累計為 737 人次。其中一人一意見的有 17 項，二、三人一意見的有 12 項；意見最集中的一個項目有 49 人提到，最少的只有一人提到。為了討論方便起見，我們不得不採用「人次」的辦法計算，統計的結果如次：20 至 49 次，共 11 項，得 347 人次；10 至 19 次，共 15 項，得 229 人次；1 至 9 次，共 45 項，得 161 人次。前兩類占總次數的 78%；後一類僅占 22%，而且分散甚廣。此處以量為

討論的依據，只得放棄第三類之人次，而以前二類項目為分析的主要
對象。只有一、二人提到的意見，不見得就不重要；但是要把 70 項
意見逐一拿來討論，將不可能。例如有人提到，如果社會、大眾「要
求的是學歷，講究的是資格，追求的是錢、權，擁有這些便是成功；
換句話說，如果上述一切成了衡量價值的標準的話，我們怎麼可能奢
望教育的病況有所改善？」這是一種很有解釋力的觀點，可是很少人
從這個角度去觀察事實，因而統計上就看不見了。

　　前二類自 10 人次至 49 人次的項目共有 26 項，包括學制、考試、
教材、教師、學生、家長、補習……等，仍是非常繁雜，不易討論，
故依其性質歸納為三類：(1) 改變升學主義與文憑主義觀念，(2) 改
進現行教育制度，(3) 加強學生道德訓練與教師敬業精神。這樣的處
理，雖然不無遺珠之嫌，但也概括了約 80% 的意見，似乎還是值得重
視。以下就分別討論。

社會價值不改問題仍照舊

　　(1) 改變重視升學的觀念。這可能真是中國人的一種困境，許多
人都在批判升學主義，然而，照樣把自己的子女送進去，送進好的學
校，多半還送到國外去讀高學位。到目前為止，還看不出有轉變的趨
勢。這次有 259 人次提到這類問題，相關的項目如下表：

①改變家長的升學主義觀念	49人次
②消除社會上的文憑主義	45人次
③禁止惡補	35人次
④學生考試過多	33人次
⑤改進升學考試，以國中三年及聯考成績合併計算	32人次

　　⑥改變聯考命題方式，注重活用　　　　　　　19人次

　　⑦消除明星學校、明星老師　　　　　　　　　16人次

　　⑧學生課業過重　　　　　　　　　　　　　　15人次

　　⑨不應硬性規定學生接受課後輔導　　　　　　15人次

　　九個項目又可分為三類，一、二題屬於升學主義或文憑主義，四至七題屬於學校考試方面，三、八、九題屬於課業方面，實際所有的問題都直接或間接與「升學」有關，無論考試、惡補、輔導。也就是說，這些人都反對升學主義，以及與升學主義有關的行動。可是，事實上這類人也是推動升學主義的重要動力，家長盼望子女進明星學校，老師、校長希望成為一流的教師和學校，子女希望成為成績優異的學生。雖然我們不敢肯定，反對升學主義與推動升學的是同一批人，但從觀察社會事實來判斷，他們恐怕沒有意識形態上的差別，只是處境不同而已。從這個角度來看，我們就可以獲得一些了解，反對升學主義是由於它迫使學生終日忙碌於無意義的考試、背誦的工作，犧牲了兒童生活的快樂面；而為了追求一些長遠的目的，又不得不送子女上學。大家都這樣想，升學的人就會過多，而目標有限，就產生競爭，競爭就有壓力。於是，問題就發生了，因為有太多的人希望透過這個途徑去達到目的。

　　「目的」是什麼呢？當然不是文憑，文憑跟升學是一事的兩面。目的在於將來可以尋求較好的工作，較多的收入，較高的職位與社會地位。這牽涉到中國人的文化價值和現行的人事制度。中國人一向強調讀書，這是盡人皆知的事，現階段似乎也改變不大。人事制度的沒有彈性，表現在兩個層面上：一是僅重視從中學到大學、到研究所獲得博士學位，這一系列學歷的高低，而忽視其實際的成就；二是在相同職位上，僅以學歷定報酬的高低，而忽視其實際的能力。於是，只

要有較高的學歷，較好人事關係，就可以找到較理想的工作。高學歷象徵將來可以獲得較多的收入，較大的權力，以及較高的聲望。這些都是社會的貴重資源，也是每個人努力的目標。旣然升學就可能達到這些目的，你有什麼辦法去阻止？所以，我們恐怕還得從另一個方向去考慮，當這樣的文化價值和人事制度沒有獲得改善，成就和能力沒有獲得較大重視的時候，升學主義必然將維持下去，能免於愈演愈烈，就算是不錯了。

降低升學壓力未見有善策

（2）改革現行教育制度。這是部份應徵者提出來的改革辦法，希望藉這種手段以達到消除升學主義，減輕學生負擔的目的。辦法有下面幾種：

①實施多軌教育制度	27人次
②經常修訂課本，使適合現代社會需要	26人次
③依性向、智商給予學生合適的教育	24人次
④訂定五育要求標準，均衡發展	21人次
⑤用啟發式教學法	21人次
⑥延長義務教育爲十二年	18人次
⑦增設高中、高職、專校，廣收國中畢業生	18人次
⑧實施常態分班教學	16人次
⑨加強體育、音樂、技能等訓練	16人次
⑩開辦空中大學、研究所，擴大招生	12人次
⑪減少人口壓力	12人次

這些改革教育的策略，實際經常有人在討論。有的已經在做，不

過做得不徹底；有的牽涉到龐大的經費和人力，無法立即去做；有的牽涉到執行的方式，不容易做。我們相信，這些辦法都能實行的話，將可以收到教育上均衡發展的效果，但能否降低升學壓力，還是值得懷疑。例如實行九年國民義務教育的時候，不少人樂觀的預測，將可以減輕升學的壓力，或至少延緩三年。現在我們了解，究竟減輕了多少？延緩三年似乎也沒有什麼用。原因是這些策略雖然重要，卻多半只能解決技術上的問題，技術變了，可能換成另一種方式的競爭；有競爭就有壓力，壓力依然存在。最重要的，以國家的財力和人力而言，無法讓每個人都順利的進入高等學校，還必須經過選擇的過程。

學校及老師扮演重要角色

(3) 加強學生道德訓練與教師敬業精神。這裏實際指的是調整行為規範，希望學生和老師均能把份內的工作做好，不要為社會帶來麻煩。包括的項目有下列幾種：

①加強學生心理、道德教育　　　　　　　　　34人次
②提高教師素質舉辦在職進修　　　　　　　　17人次
③實施考核，提高教師敬業精神　　　　　　　17人次
④嚴格要求校長教學正常化，作為考核標準　　15人次
⑤嚴格考核各級教育人員　　　　　　　　　　15人次
⑥提高教師待遇　　　　　　　　　　　　　　10人次

表中第一項 34 人次，佔總次數的第四高位，顯示學生的道德教育出了大問題；第二項至第六項，與教師的能力和職業道德有關，並且想用提高待遇的方法加以鼓勵。假如我們把學校教育，特別是國民中學教育，當作塑造個人行為的一個主要過程來看的話，老師無疑扮

演了一個重要角色。這對於將來的社會發展，具有極大的影響作用，如果學生缺乏道德訓練，老師缺乏敬業精神，後果可能眞的相當嚴重。如何改善現存的一些問題，的確值得努力去做，例如，若干學校用兩種功課表，平常用一種，應付教育官員視察用另一種，命令學生穿便服去參加大會，繳某些費用不用通知單，諸如此類，都是公開教學生作僞，使用雙重標準。老師這樣做，學生承命這樣做，家長也接受了，這就怪不得學校和社會全沒有是非標準了。所以，從整體而論，我們認爲當然必須加強學生的道德教育和教師的敬業精神，但是，這種性格上的訓練，不一定能降低升學壓力。我們也認爲的確應提高教師的待遇，教師幾乎沒有職位上的升遷，總不能讓人一生承擔國家的艱鉅工作，而俸不足以養廉，這算公平嗎？

因循下去問題會將更嚴重

從這次的徵文，我們了解，雖然都是些談了多年的老問題，但也表示社會大眾的確非常關心國中教育。很顯然，如果教育決策者再行因循下去，問題會越來越嚴重。

我們盼望這次經過多人提出的卓見，不僅有助於教育制度和教育方式的改革，也有助於人事制度、文化價值和理想的調整，以減輕學生負擔，降低升學壓力，並藉以建立一個令大家都滿意的、愉快的和諧社會。這對塑造中國的工業文明也將有極大的影響作用。

（《中國時報》，73年5月22日）

從競爭談升學壓力

現在是暑假，每年一度的升學大競爭又要開始了。

競爭是工業社會的特徵之一。沒有競爭，就沒有花樣翻新的工業產品，沒有自動化機器，也沒有日新月異的快速交通工具。沒有競爭，就不會有持續的經濟成長，也不會有民主政治，更不會有令人滿意的學術成就和國家聲望。而有競爭就有壓力。

沒有競爭無法進步

我們的企業家遠赴非洲、北美、中東，還不是為了賺錢，和外國人競爭。超級市場猛打折扣，電視機、汽車降價求售，何嘗不是競爭。如果不能在國際標中競爭，就無法賺別人的錢；如果不能提高產品品質，就會失去國際市場的競爭力。我們的國營事業缺乏競爭，就等著領國庫的救濟金；我們的行政升遷體系缺乏競爭，就只有在不公平下講關係用人。可見，在工業社會中，沒有競爭，就沒有創造力，就沒有進步。我們不僅不能排斥競爭，而且要提倡競爭；事實上，提高生產力，就是一種競爭。

升學考試自然也是一種競爭，只要有考試就有競爭。自從實行九年義務教育後，這種競爭大致已提高到升高中和升大學兩個階段，至

少已降低了小學生的升學壓力。由於多年的積習，目前已經形成一種趨勢，高中的好壞直接關係到大學的取捨，所以，許多國中和私立初中的升學壓力不下於高中學生。這種壓力，對高中學生應該已無問題，但對國中學生來說，年紀尚輕，仍可能造成傷害。我們可以預言，如果這種升學的關聯性無法調整，則兩類競爭將繼續存在。

競爭壓力勢難避免

我們認為，這種競爭的壓力，一如工業社會中的工程師和企業家，將是無法避免的，如果沒有競爭，又那會有出人頭地的傑出成就？你總不能讓人在家裏成天睡大覺，然後企望他獲得很好的成績。我們也可以不用考試，而用西方若干國家行之已久的申請制度。但是，這不過把壓力提昇到入學考試以前罷了。試問如果沒有令人滿意的成績單和教師的推薦信，又怎能獲得接受？況且我們還要面對人情和惡勢力的壓力。

競爭在聯考中表現得最為徹底，所以大學聯考領導教學也是一個嚴重問題。不過，我們認為，這似乎是個怪問題。考試如果不考學過的，那考什麼？考試領導教學是必然的趨勢，問題在於考什麼。如果認為高中課程是高中學生必須懂得的知識，就該全部考；如果認為太多，就該把課程刪除一部份，或綜合某些課程；不必徒事埋怨，民意代表更不應亂加壓力。既然不是每個人都有機會，都應該上大學，就必然產生競爭，不管用什麼作為競爭的手段。競爭就有壓力，為什麼不能有壓力？沒有壓力就不可能成功，成人、學生是一樣的，除非你有特權。而不當的特權，在現代社會是遭受鄙棄的，不值得驕傲。

提倡公開公平競爭

我認為，我們現在這個社會應該極力提倡的，就是公開而公平的競爭；提倡競爭，就是增加壓力，迫使每個人認真而努力的工作，以期獲得報償。

考取大學，是競爭的結果，也是競爭的勝利者。可是，進了大學，就幾乎沒有競爭，因而，你看到的大學生，多半是懶洋洋的，為什麼呢？功課太鬆了。這是一種惡性循環，學生不給教師壓力，教師不給學生壓力，彼此都不競爭，相安無事，皆大歡喜。為什麼要讀書呢？找事的時候，只要有文憑、有人事關係，誰也不會考你的知識、能力，就可以手到拿來，坐領高薪。所以，追根究底，學風之所以不良，一半出在人事制度之不健全上。如果找職業是公開競爭，各憑知識、能力、經驗，不僅就業市場將可改觀，就是大學裏的教學情境也要改觀，那時你將看到，學生對教師會增加壓力，教師對學生也會增加壓力，那才是真正的「不學書，無以立」，開始競爭。

等到社會大眾都懂得尊重知識和技術，許多怪現象就會自然消散，生活步入正軌。從這個角度而言，空中大學只給文憑，不給學位，是明智的措施，教育部和立法院的立場值得喝采。事實上，許多大學還應開辦學分制，以滿足社會人士對知識的需求，如果辦不到，至少也應立即籌劃開辦暑期課程，讓許多人有機會去大學裏聽聽課，或繼續進修，這對整個社會都將有幫助。

競爭成為社會動力

　　社會上到處都有競爭，　都有壓力，　我們只要設法讓這種競爭公平、合理，即使是升學壓力也是可以獲得紓解的。競爭是社會、特別是現代工業社會的動力之一。

（《自立晚報》，74年6月24日）

知識分子的批判性

知識分子能做什麼？

　　古今中外，討論知識分子的文章，多得不可勝計。有人說，知識分子是天生的悲劇性格，什麼事都往理想、完美的一面着眼，現實卻又偏偏那麼不理想、不完美；有人說，知識分子是天生的軟骨頭，永遠只曉得依附權勢，出賣良心，爲了自己的一官半職；又有人說，知識分子是社會的指導者，有專業知識，懂得分辨是非黑白，爲廣大羣眾的利益仗義執言。事實上，這種類型的說法，都只是一得之見。每一個時代的知識分子，大致同時具有這三類人物，最多的是依附權力中心，以求一己的飛黃騰達；有些人眼見理想落空，就寧願成爲時代的放逐者；又有些人則永遠奮力不懈，爲了追尋某些長遠的目標而努力。假如睜開眼睛來看看我們這個社會，就會發現，每一種類型的人都在眼前活動，有的在仕途中往上爬，有的自動引退，有的則強烈批判。這就是知識分子的途不同而殊歸的現象。現在如此，傳統社會也如此。

　　傳統社會的知識階層流於一種說法：學得百般藝，售與帝王家。這幾乎是當時知識分子的唯一生路，否則又能做什麼？造反嗎，三年不成；種田嗎，手無縛雞之力。陶淵明想自奉清高，不爲五斗米折腰，結果窮得連酒錢也沒有着落。回想當年，我們又怎能忍心去責備那些心向皇帝的大臣？等到做了宰相，乖順性格早已養成，除了狐假

虎威，做些自以爲是的事以外，還能做什麼？

不過，那個時代究竟離我們已遠，爲什麼還在向他們學習呢？這可能就是傳統文化的力量。知識分子向權力中心靠攏的傳統有兩大特點：一是取得政治上的特權，不僅可以提高社會地位，也能滿足權力欲望；二是因政治特權而獲得額外財富，可以改善個人的生活環境。不幸我們的經濟狀況雖然比從前好得多了，權力分配方式卻沒有多大改變，因而許多有志一同的知識分子只得仍然向這個方向鑽營，眞是其志可佩，其行也可憫。

我說可憫，只因爲現代知識分子的處境究竟比以前好些，第一，從前不依賴權門，就可能活不下去，現代是專業人員，教書、寫作、經商、做公務……有許多活路；第二，家族、社會對知識分子的壓力，政府對知識分子的需求，現代都不若從前那麼大；第三，個人自我滿足的方式，現代也比從前多得多。有了這麼多的改變，爲什麼仍樂於爲官？

其實，爲官也沒有什麼壞處，但應該有品格，以別於非知識分子。說實在的，除了品格和政策性專業遠見外，我不知道知識分子還有多少本領可以超越科層出身人員？這也是知識分子考慮要不要進入官僚體系工作，以及政府決策部門如何起用知識分子的先決條件。

知識分子一旦進入官僚組織，就應該放棄原來的工作，這不全是規範問題，而是身分不同，角色有了衝突。你不能爲了政策目標，而在課堂上傳授知識，爲政策辯護；你也不能爲了知識而公然批判政策，違反職業道德。從這個標準而言，目前政府居然允許官、學或商、學雙棲，眞不知是跟誰過不去。知識分子似乎也該自我反省，不要總爲自己的利益着想。

知識分子旣然是以知識作爲謀生或立業的工具，顯然有它的專門

性和特殊性，並且牽涉到相關知識的深度和廣度，如果荒疏過久，或用力不專精，就很難維持應有的品質。因而，一邊教書，一邊作官，不是兩者全廢，就可能兩者皆誤。更有些人在官場失意或被迫下臺，就發表宣言，要好好的靜下來讀書、進修，或教書，這是很可笑的事：第一，做官就不讀書嗎？難怪我們的官員只念稿子，當行政效率低落時，不僅沒有人管，也沒有人知；第二，知識分子真能改善失意者的腦袋或行為方式嗎？知識分子真能成為失意者的避難途徑嗎？顯然做不到。

　　我們這個社會正在多事之秋，知識分子縱使無能力挽狂瀾，也不應自甘墮落；縱使有些人想升官發財，也應有些人勇於批判。知識分子從來沒有建立過政權，也沒有推翻過政權，但總該具有些批判精神，對社會產生振聾發瞶的作用。知識分子能做的事實在太少，假如在這樣脆弱的條件下，還有人想把知識界當作避難所，顯然是對知識或知識分子存心為難。

（《中國論壇》20卷4期，74年5月25日）

中國知識分子的角色轉變

從使命感到社會批判

知識分子在社會上究竟應該扮演怎樣的角色，是一個長久以來爭論不休的問題，有的人認為應該積極參與社會活動，乃至到官僚機構中去服務；有的人認為只要從事社會批判，把不合理的事指出來就夠了；還有些人認為在自己的工作崗位上努力工作，不必多管外務，就是一種盡職的知識分子；類似的說法很多，真是不一而足。作為一個知識分子，如果從這樣的起點去思考，可能不知何去何從。事實上，這種說法跟知識分子的概念有很大關聯。如果引用俄國人開始使用這個字的意義來說，知識分子只是一批受過較好教育的腦力勞動者或勞心者，這種專業人員的社會階層包括藝術家、工程師、技術人員、醫生、教師、律師、科學家、作家、部份公務人員等❶。可是，西方學術界也有把知識分子定義在「反對或脫離現有主流文化」，或關心人類、社會、自然，和宇宙的一批人，顯然具有比較高的批判性，不祇知識程度較高而已❷。楊國樞教授在「知識分子與臺灣發展」研討會

---

❶ 請參閱 C. G. Churchward, *The Soviet Intelligentsia: an essay on the social structure and roles of the soviet intellectuals during the 1960s.* London: Routledge & Kegan Paul, 1973: 3-4. 也可參閱 A. Gella, ed., *The Intelligentsia and the Intellectuals: theory, method and case study.* Calif.: SAGE, 1976: 54, 97.

❷ 同 A. Gella 上書，頁 48。

的總結報告中，曾把許多意見綜合為八點，認為知識分子應同時滿足
這八個條件，即，豐富知識，崇高理想，獨立精神，批判精神，高度
分析能力，強烈社會關懷，和堅韌抗壓能力❸。這八個條件實際上仍
然只有兩個向度，一個是高度的知識，另一個是高度的批判。因為對
社會批判必然包含許多前提條件，如理想、關懷、獨立精神等，否
則，就不可能進行批判。僅有知識是不夠的，傳統中國的讀書人，多
半都是「學得百般藝，售與帝王家」，談不上批評。從中國文化發展
的線索來看，工業社會所定義的知識分子，仍然無法作完整的解釋。
這就是說，即使是現階段的中國知識分子，多少仍帶有點傳統的性
格，而不是完全的西方式的專業化知識分子，也就是仍然具有對政治
權力的依附性，所以我認為：中國知識分子是一羣具有較高知識程度
的人，利用知識謀生，並追求達到個人或社會的理想目標❹。其中最
重要的概念當然是高知識程度和理想目標，前者可以包括傳統社會中
獲有功名的讀書人和現代社會中受過高等教育的專業人員，後者可以
包括做官和不做官的保守派和改革派，不管有沒有批判精神。這樣的
定義，主要是為了符合中國社會、知識分子在行動上的實際情況；過
於狹隘的話，不僅古今沒有幾個知識分子，也沒有做進一步分析的必
要。

知識分子的使命感

當我們在稱呼傳統社會的「讀書人」，或現代社會的「知識分

---

❸ 楊國樞，〈知識分子的過去、現在與未來〉，見《知識分子與臺灣發
　 展》，《中國論壇》23 (1)：151，民國 75 年 10 月 10 日。
❹ 文崇一，〈中國知識分子的類型與性格〉，同上，頁 29。

子」時，實在並沒有認定一種嚴格的定義，也不過泛泛的說「這才叫知識分子」，或「這也算知識分子」？用以分別好、壞。知識分子顯然已經成為一個普通名詞，必須用形容詞來劃分真知識分子或假知識分子了。傳統社會的讀書人，也有類似的情形。

我們真要區別所謂真正的知識分子，也許不是他在做什麼工作，而是有沒有「使命感」。這種使命感有多方面的意義，積極的是改善政治和社會，以天下為己任，保持高尚的道德情操和人格。如果你是做官，不僅要做一個清廉的官，還要改革社會上和政治上的不良事務，使社會安定，天下太平；如果你只是一個士紳，也要潔身自愛，為鄉里榜樣。消極的是不能做壞事，做了越軌的事，就是有辱名教，不配稱為讀書人。《儒林外史》其實就是暴露一羣沒有使命感的讀書人的醜行。

從傳統社會來說，做官並不構成對使命感的威脅，反而是發揮使命感的充分條件。只有當你掌握了政治權力的時候，特別是位高權重的職位，你才有機會發號施令，從事政治、經濟，乃至社會方面的改革計劃。自漢以後，差不多的讀書人，一旦仕宦而為卿相，就有雄心壯志，去發揮他治理天下的使命感。雖然成功的人不多，甚至很少，但並沒有妨礙這類人懷抱使命感的意願。

不是每一個做官的知識分子都有使命感，歷史上許多所謂奸臣、權臣之類，事實上只為個人的權力和利益着想，他們與外戚、宦官，或志同道合的人相結合，主要就是謀取政治控制權，根本不管老百姓的死活，這就是我們所常說的壞知識分子。他們依附政權的目的，就是為了奪得政權。在奪權的過程中，只要政治不是腐敗到極點，總有另一批做官的或在野的知識分子起來反對，對抗激烈的時候，不是殺來殺去，就是貶來貶去，這就是我國歷史上多次有名的黨爭。黨爭其

實就是有一批知識分子，因使命感意識而對當權者提出抗議或反抗行動，最後不是撤換政治領導人，就是流血政變。反抗的知識分子多半也是官僚組織中的人，只有極少數屬於在野派的所謂清流。

我們舉幾個比較有名的例子來看看。東漢以李膺爲首的幾次所謂黨錮之禍，被殺者千餘人，主要份子百餘人，幾乎都是曾任或現任的中央或地方官吏。當時所掌權者爲外戚，連絡這些知識分子去反對宦官。外戚和宦官的權力鬥爭，歷史上是常有的事。這次卻因李膺等人的道德使命感，而引發一次龐大的流血事件。他們並沒有提出政治或社會改革的遠大目標，只是憎恨宦官的專權。事實上，宦官也有一批依附他們的知識分子，爲了保護自己的利益。像李膺這樣的知識分子，最多只能說是具有道德意義和一個盡職的好官，卻一直是中國知識分子的榜樣，享譽近兩千年。另一個近似的例子發生在明代，那就是所謂東林黨事件。以顧憲成、高攀龍等人爲首的東林八君子，每個都有進士學位，且都做過地方或中央官吏，聲名卓著，他們反對的對象也是宦官。他們同樣沒有爲當時的社會提供改革計畫，只是以個人的盡忠職守、學問、道德爲號召。結果當然也是失敗了。這兩個故事幾乎同出一轍，結果也相同，只是表現了知識分子一種清高的使命感，卻並沒有真正完成使命，除非把儒家的道德價值當做知識分子的唯一使命。

另一種有名的例子，如宋代太學生陳東等率數萬人上書干預政事，只是爲了請求朝廷復用李綱爲相，以阻奸臣當道而已。假如這也算知識分子參與國家事務，可能只是一種突發性學生運動，表現讀書人的使命感。這個故事也經常爲後世所樂道，特別是討論學生運動的時候。比較有具體的經濟，社會改革計畫，而又反映了知識分子的使命感方向，是北宋的改革派和保守派之爭。自范仲淹、王安石等所倡

導的改革計畫獲得優勢以後，歐陽修、司馬光等的保守勢力就不贊成。以後漸演變成新舊黨爭，有時改革派得勢，把保守派趕下臺，從事新政，對政治、經濟、社會、學術等各方面進行改革；有時保守派得勢，又把改革派人士趕到地方去做官，遠離中央，一切政制恢復舊的秩序。這是傳統中國知識分子典型的表達方式，考上功名，做官，儘量改善行政措施，使國家社會獲得應有的穩定；以個人的知識、能力、道德贏取社會聲望。這是傳統中國所有有抱負知識分子的行爲典範，實踐理想的使命感。

使命感的最大好處是，在政治、社會、道德極端腐敗的時候，有一些振衰起弊的作用，對個人也是一種鼓勵和壓力，使大多數的知識分子願意潔身自好，不敢貿然爲天下之大不是。壞處是常常讓知識分子自滿，脫離羣眾，以爲只要抓到了皇帝的旨意，就可以爲所欲爲，結果經常是什麼也做不成。這種自以爲是的使命感，使知識分子失去自省和自覺的能力，祇知道追求名利。兩千多年來，中國政治一直淪爲封建官僚的君主專制統治，知識分子的過分功利思想，實在要負很大的責任。

知識分子的社會批判

在傳統社會中，中國知識分子也不是完全無視於社會上的許多不合理現象，差不多每個時代都有人批評時政，例如行政上的貪污腐敗，貧富不均現象，官吏欺壓老百姓，政策的不當等等。有的官員因而招致殺身之禍，或遠謫邊陲地方，或貶爲庶人。但這種批評有兩個限制：一是承認絕對君權框架下的一些批評或建議，對君主專制政治本身從來沒有懷疑過，也不敢懷疑；二是多半的批評都是指責當時掌

握權力的人物，認爲他們沒有做好，政策錯誤，或對皇帝不忠之類，並沒有高度的社會意識或人民意識。也許這是當時的時代潮流，在封建官僚體系中的知識分子，沒有能力提出超時代的批判或主張。因而，多數的改革計畫，即使獲得執行，也只能暫時降低弊端，增加現政權的穩定性，而無法改善人民的生活。

　　我們也了解，在傳統社會中，官僚、士、農、工、商所造成的階級性隔離，特別是統治者與被統治者間的隔離，政治往往就是維護特權階級旣得利益的一種方式。知識分子即使來自農村，一旦進入統治階級，就很容易忘記自己的出身，而爲旣得利益辯護，例外的人不是沒有，但很少。這就使中國知識分子對旣有政治、社會的批判性，難以提昇。

　　這種對政治、社會不夠強烈的批判，不僅傳統知識分子如此，也延續影響到今天的知識分子。我們假如把大部份專業階層和政府及管理階層的人員，如教授、律師、高等級的政府主管和企業管理家之類，都是來自知識分子。這些人大致可分爲幾類，一類是努力於自己的工作，不發表任何意見，可能佔多數；一類是在自己的工作上等待或爲旣得利益者說話，一有機會便進入官僚組織；一類是對於社會上不合理的現象提出指責，或爲弱勢人民發言，爭取他們的權益。我們通常把這些知識分子概括爲兩種：一種是所謂保守派。保守派有兩種心態，一種是思想理念上的保守，這種人值得尊敬，他不是爲了個人利益，而是固執於個人的想法，另一種則是依附權力階層，盼望獲得個人的利益，這樣的人實際是投機分子。第二種是所謂自由派，其實應該叫批評派。批評派也有兩種心態，一種是希望改革，把不合理的變成合理的，建立一個民主、自由、公平的社會，沒有特權，只有法治；另一種是極端的政治批評，對社會帶有某種程度的疏離傾向，以

個人的理念做爲批判的標準，不管被批評者做怎樣的反應。這樣的分類雖不十分完整，大致還可以包括相當多的知識分子。

現代的知識分子當然可以因各自不同的理由，爲自己的前途作出選擇，做官，依附權貴，沉默的工作，或對政治社會提出批判。不過，有幾個基本原則，在選擇時值得特別注意：第一是分工原則。在現代的工業社會中，知識分子可以擔任各種不同的工作，如教授、律師、醫生、科學家、作家、工程師之類，發揮各人所長和愛好，不必像傳統社會那樣，所有知識分子都擠向仕途，只有爲統治階級效命的單一出路。這就減輕了原來的使命感，知識分子無需把天下興亡的責任一肩挑，因爲還有很多人在不同的崗位上爲國家出力。第二是職業原則。從前把知識作爲統治的工具，由於文盲太多，只有知識人才知道利用知識產生推理，制訂一些維持社會秩序的規範。現代人的知識是謀生的工具，不論是用作傳播或發明，都只能表示個人的職業偏好。即使在官僚組織中擔任行政主管，仍舊是一種爲民服務的職業。如果還有使命感的話，就是遵守職業倫理，在不違背職業道德的原則下，盡力工作。第三是文化創新原則。工業社會中的知識分子，治理國家的使命感雖然降低了，創新文化的意義卻比傳統社會顯得更重要，新科技的發明，新知識的傳播，以及對外來和本土文化的再創造，多半要依靠知識分子的努力。尤其是大學和研究機構中的知識分子，他們擁有比較完整而新穎的設備，可以有效選擇文化發展的方向，加速文化發展的步調，這也可以說是追求眞理。第四是社會責任原則。知識分子不擔任政治事務，並不表示就沒有政治責任，不過，現代社會知識分子的政治責任是以選民和批評者的立場去表達。作爲一個選民，他可以直接競選公職，參與選舉事務，或圈選合適的候選人。作爲一個批評者，他可以站到客觀的立場，去批判不合理的現

象，或要求主管機構改善現存政策，以符合社會大眾的利益。這比傳統社會在官僚體系中的知識分子，去從事政治、社會批判，要有利得多。

明白了這種趨勢，我們就很容易了解，現代知識分子由於擺脫了作為統治工具的困境，可以利用職業知識的優勢，從事更多政治和社會方面的批判性工作。批判不一定是破壞，而是把缺失或陰暗面指出來，使社會獲得更健康的發展。我們都知道，任何行政組織都有它的惰性，任何政治結構都有它維護特權的特質，任何經濟、社會制度都可能產生現實上的缺失，知識分子以他的專業知識，正可以發揮檢討和指導的作用。有人說，工業社會的知識分子，是要站到理性的立場，抗拒權威，追求真理，批判不合理的現有事實和價值，為社會提供一套具有創造性的文化價值。看來也是可行的道路。

知識分子從使命感轉變到社會批判，象徵從行動者轉變為觀察者。使命感的行動者是主觀的自我表現，多少會產生一種防衞意識，以維護自己的行為準則，有時候可能達到狂熱的程度，而忽視別人的指責或反對，王安石的變法運動或司馬光的反變法，就是很好的例子。目前臺灣若干知識分子所參與的政治、社會運動，也具有這種狂熱而忽視他人意見的傾向。批判的觀察者卻是客觀的對社會現象的分析與理解，只是把問題找出來，提出批判，或尋求解決的辦法。這種角色的轉變，使得知識分子的處境，提昇到比較超然的地位，傳統社會中所呈現的那種濃厚的功利取向，和相當強烈的雙重標準，減至最低限度，甚至可以做到全然的就事論事，不必顧慮到自身的利益，更不必投靠權力人物。至於有些知識分子，在現代社會仍然對掌握權力非常有興趣，而投入官僚組織，應該也可以扮演較為積極的改革者角色，使社會和人民獲得更好的待遇。他們可以以政策執行為去留的依

據，所謂合則留，不合則去，這才是知識分子的風範。否則，就只是尸位素餐而已，連一個起碼的行政人員都不如。總之，由於知識分子本身職業的專業分化，工業社會的知識分子，已不必仰賴政治維生，可以在各種專業行列中，發揮個人或集體的影響力，充分的扮演社會、政治的批判角色，沒有使命感，只是盡一己之力，使社會朝向更理想的境界發展。

（《中國論壇》25卷8期，77年1月25日）

知識分子的政治和道德取向

　　知識分子這個名詞，最早是十九世紀後期開始在波蘭和俄國使用，很快就在西方社會廣泛流傳。到現在已經有許多不同的定義，較寬的一種是，把知識分子視爲一羣具有較好教育的人，對社會有較高的理想，並且尋求個人在政治和事業上的成就，如許多高級公務人員、大部分的專業人員、及相關的以知識爲職業的人；較窄的一種是，追求眞理，對現實政治和社會提出批判，並在道德上產生影響力，如具有批判性的教授或教師、律師、工程師、醫生、藝術家、作家等。這是工業社會中，分工比較複雜後所有的現象，基於不同的文化結構，或不同的觀察，所獲得的印象。究竟那一種定義比較合適，這恐怕要看個別需要和解釋，很難找到一個絕對的標準。

　　中國歷史上沒有知識分子這種名稱，近代受西方影響，才漸漸用它來指稱一些受過高等教育的人士，但概念相當模糊，也沒有一定的界說，幾乎完全隨各人的喜好，而把知識分子的範圍擴大或縮小。有人把所有受過高等教育的人都叫做知識分子，不管他是做官、教書、或經營別的行業；有人認爲必須以專業知識批判現實政治與社會，並且不參與實際政治事務，才算是知識分子。前一概念顯然與中國傳統社會中的讀書人或士人有關，後一概念則與西方社會所強調的，知識分子的批判性格相似。中國是一種不同於西方的文化體系，有些概念

從西方傳入之後，可能必須重新檢討，才能設定它的解釋力，或是做些修正的界說工作；否則，名詞相同，內容卻不一致，便容易引起解釋上的誤導。假如我們有機會先觀察一下，中國知識分子在傳統與現代社會，所實踐的角色意義，就不難了解「知識分子」這一名稱比較確切的概念內涵。

傳統中國社會所說的「士大夫」，實際上包括兩種人，一種是讀書人，一種是因讀書而成爲官吏或泛指所有的官吏，因而士跟大夫便分不開，和「士紳」變成了同義語。士是沒有收入的，所受到的尊敬也有限，必須做了官，才名利雙收。官是一種有收入的職業，不但受到社會人士尊敬，而且有相當大的權力。權力、財富、名望是每個人都想獲得的稀有物，一個讀書人做了官，特別是大官以後，便差不多三樣珍貴資源都可以到手，無怪乎在當時，每個讀書人，甚至每個有機會的人，如外戚、宦官、軍人，都想弄個一官半職。在傳統社會中，讀書人不做官還能做什麼呢？從歷史事實去觀察，大概還可以著書立說，或致力於道德修養，或到政府和私人興辦的學校去教書，或在家裏吃祖先遺留的田產，此外就沒有什麼好做了。其中有收入的只有教書，其餘各種工作，都要靠祖產過活，否則也做不下去。可見，在傳統社會中，有沒有做官，關係到個人的事業前途非常大，一方面是飛黃騰達，另方面是窮途潦倒，沒沒無聞。

已經有不少人指責過，中國的士，永遠只是皇帝的統治工具。這也難怪，做統治工具雖然是助紂爲虐，欺壓善良人民，卻也獲得特權，獲得人民尊敬；否則，豈不是要坐以待斃？這顯然是統治階級設下來的圈套，互相利用。歷史上批判這種情境最嚴厲的人，你說是誰呢？就是爲考試編寫正統教科書的朱熹，他曾經感慨的說，「今日上

之人分明以盜賊遇士，士亦分明以盜賊自處」，所以徐復觀認為這是知識分子的「盜賊性格」。為什麼朱熹以盜賊自況呢？這就是傳統知識分子的無奈處。從朱熹的思想體系，對儒家傳統的解釋能力，對政治社會的批評，以及做官的負責盡職各方面來看，他都算得上是一個不可多得的現代社會知識分子。然而他就是無法跳開當時的政治環境，君主專制制度，站到人民的立場，來批判政治及要求政治參與。事實上，這不是他的錯，而是結構性的限制。就像今天，我們也只知道就民主而談政治參與，而不能跳開現有架構去思考問題。民主也有許多不理想的地方，我們同樣無奈。

　　在原有社會政治結構以及傳統士人只能靠做官為職業的條件下，來了解知識分子的屬性，就比較容易。傳統的讀書人，即知識程度較高的人，大概可以分為三類：一類是趨炎附勢，專門為當權者說話，以求升官發財的，可以叫做幫閒的知識分子：一類是規規矩矩做官，相當負責盡職，只求把事情辦好，以便逐步晉陞，可以叫做守成的知識分子；一類是有社會政治理想，希望大事改革，以建立一個美好的社會，經常對現有政治提出批判，而不計較個人的利害得失，可以叫做批判的知識分子。這三類讀書人有一些共同特徵：較高的學歷，如早期的秀才，晚期的舉人、進士：功利觀念很強烈，如升官發財，或以天下為己任；一般的辦事能力都不錯，不論是為中央官或地方官。以今天的立場來理解傳統社會的讀書人，第三類無疑比較接近我們所說的知識分子。這類知識分子還可能包括一些退隱的官員和讀書人，他們也具有較高的批判性，並且退出政治圈。

　　假如我們以批判性知識分子做為中國傳統知識分子的標準，就可以這樣說：知識分子是一羣受過高等教育的人，有分析能力，有崇高

理想，對政治社會提出批判，並強調個人的政治和道德責任。當時知識分子的三個成就目標，立德、立功、立言，實際的運作過程是以立功為首要，那不僅是聲望的焦點，還可以解決職業問題。知識分子的立功就是做官，做官可以賺錢，賺名望，還有支配別人的權力。在一個傳統的農業社會，分工極其單純，還有什麼事業比這種工作更有報酬？

傳統社會中，知識分子的政治性格，就是這樣慢慢培養起來的，經過兩千多年，這種性格對於知識分子，就如影隨形，誰也不覺得有什麼不妥，不做官才奇怪。把政治和社會事務管理好，或者說，把天下國家治好，才有區別力，才是鑑別知識分子的尺度。批判性知識分子是要在做官的條件上，從事政治改革，實現自己的政治理想。對於在皇權下低頭，受點委曲，甚至被放逐、殺頭，也沒有什麼怨言，只表示自己沒有遇上明主，命運不佳而已。真正對於皇權及皇權下的政治結構提出批判的，非常少，三千多年來，不過數人。這樣的政治取向，已經成為中國政治文化的一部分，幾乎沒有人去懷疑，他們彼此爭取的是，擴張皇權，以增加對臣民的控制力；或提陞行政權，以減少皇帝的干預。君主的絕對支配權，誰也不敢否定。所以，傳統社會中的知識分子，儘管政治取向相當強烈，也只是有限度的行政權。

具有批判性格的知識分子，僅在政治上表現他的能力和智慧，仍不能取得廣大群眾的擁護，還必須具有強烈的道德勇氣。這種道德氣質表現在兩方面：一方面是個人人格的修養，所有行為都需接受儒家倫理的約束，符合道德的條件，特別是有關忠孝廉潔之類的行為，不能有絲毫差錯。最能幹的宰相，也必須是最合於道德規範的人。另一方面是在面臨危急情況，或個人重大關頭時，要有不畏艱難，不怕死亡的勇氣，言人之所不敢言，做人之所不敢做，所謂「威武不能屈」

的抗爭力量。

　　政治權力固然是知識分子追求的目標，但社會人士還要觀察他的道德情操。違反道德標準的官員，表面上可能仍受到尊敬，實際會受到排斥。有時候，一個拒絕做官的知識分子，潛心於道德修養和學術研究，所得到的聲望，遠非一個普通官吏所可比擬。這種人在中國歷史的儒林傳、文苑傳、和隱逸傳有不少，這種事本身也是一種鼓勵，大官不一定每個人都做得到，試圖成為一種道德力量，卻都有可能，只要持之以長久的克制和修練。

　　其實這完全是儒家倫理的操縱作用，儒家學說先把人羣設定為一種階級關係，從貴賤尊卑的不同階級，規定他們的從屬體系，不得隨意踰越。踰越了怎麼辦呢？那就是違反了法或禮，會受到懲罰。因而，道德也把官僚階級的人，約束在一定的從屬關係上，對於皇權的控制與穩定，產生了很大的作用。一個大官能在社會道德範圍或儒家倫理內發號施令，就會贏得所有人的尊敬。據當時人的估計，只要皇帝、官吏、人民都在既存的道德架構下行動，國家就會安定。

　　就這樣，在傳統社會的政治結構和道德意識支配下，知識分子，即使是批判性知識分子，也唯有尋求權力和道德上的滿足，毫無選擇的餘地。經過長久的過程，就成為一種模式行為，看不出有什麼不妥之處。

　　到了現在的工業社會，社會上的分工情形，已經跟西方的工業社會不相上下。知識分子不免受到西方學術界的影響，用他們對知識分子的定義，來了解我們的知識分子。從民主與工業化的角度來衡量，這種移植也是很合理的，例如，我們要求作為一個知識分子，就必須遠離實際政治事務，並用客觀的態度，批判現有的政治和社會，使社

會發展達到最理想的境界。說實在的，一個民主社會，很需要許多這樣的知識分子，不計較個人的利益，只為大多數人民設想，使政治越來越民主，社會越來越理性。但是，這跟我們的傳統社會結構，有相當大的距離，傳統知識分子沒有這樣多的職業可資選擇，也不是每個知識分子都是地主；等到行為模式塑造成功了，就不是單一知識分子可以抗拒的。

這種知識分子的傳統行為模式，今天的臺灣還可以看得出來，例如，在大學裏教書的人，多半都經不起做官的誘惑，除了極少數外，差不多都願意去擔任一官半職；如果不去鑽營、請託，只是等待機會，就算是很有點格的教授了。事實上，我們也發現，有些教書的人，原來也做研究，寫評論文字；一旦做了官，卻變成十足的官僚。至於那些依附權力而行走的教授，就更不必談了。這說明什麼呢？說明一種事實，即使今天批判政治的知識分子，明天會不會被吸收到官僚組織中去，誰也不敢肯定。

如果是這樣的話，現在的知識分子，可能比傳統社會的還更搖擺不定，更為功利傾向，更傾向於滿足權力慾望。這可能意味着，現在的知識分子，一般並沒有降低他們的政治取向，相反，對於道德的要求卻降低了，知識分子自己並不十分要求個人的道德實踐，社會大眾也無法表達要求的意念，因為傳統的社區組織差不多解體了，工業社會中分工的個人意識又非常強烈。我們認為，傳統知識分子的政治和道德取向，並不是一種錯誤的選擇。今天的知識分子從政，如果能堅持為社會大眾服務的理想，強調個人的道德實踐，即使不扮演批判性知識分子的角色，仍然是值得努力的工作，何況社會上也不需要過多的批判性知識分子。

（《臺北評論創刊號》，76年9月）

知識分子的批判性格

　　有人常常指責說，農民、工人謀衣食之不暇，那有時間過問民主、自由，這些都是知識分子喊起來的。這種話初聽有些道理，其實是昧於歷史知識，也忽略了農民和工人的生活權。

　　文學家蘇東坡曾經寫過一篇〈石鐘山記〉，惋惜文人不到那種地方去，漁人去了卻又說不出來，以致把大好風光埋沒了。知識分子對社會的責任正是這樣，如果別人看不見、說不清楚，他就必須「仗義執言」，言人之所不能言、所不願言，乃至所不敢言。像我們這樣的社會，既然強調民主，只要不訴諸暴力，應該沒有什麼不敢言。一般人的確忙於生活，沒有太多的時間去過問政治，但這並不表示他們對實現理想的政治、社會、經濟制度沒有興趣，只是表現的方式和時機不同而已。

　　我國自漢朝以來，歷代知識分子都強調重農輕商，強調有限度的限制皇權，為天下百姓請命，雖然成績不很理想，但為農民的利益而出面講話的責任感和勇氣則一。北宋年間三番五次的改革和反改革運動，尤其表現了此一傾向，他們當時的正面衝突，實際全是為了農民的利益。事後來看，我們對王安石和司馬光所領導的政治運動，評價容或有異，但對他們堅持為社會的知識分子立場，則不容置疑。這是中國文化中特有的優良傳統，這一代的知識分子沒有理由把它廢棄。

　　一般而言，在改革的過程中，知識分子會竭力擁護改革，希望建立一套合理的資源分配制度。但是，多數的改革派在取得政權以後，不僅變得保守，甚至反對改革；在這種情況下，知識分子自然會回過頭來批判既得利益階層。所以，從表面看起來，這好像是知識分子的反覆無常，實際卻是既得利益階層的變節。

　　從中國歷史發展的線索來看，天下都是打殺出來的，知識分子沒有這種本領，註定了只能扮演反面的批評角色，站在政權的邊緣上，一面觀察、思考，一面指點，做一些批評和建議的零星工作。知識分子的悲劇性角色，大概就從這裏開始，他們盼望建立一個和諧而幸福的社會，卻一直與既得利益階層的想法有距離。

　　這種悲劇性角色不應再發生於現代社會。因為民主社會就是要應用批判的過程來調整政策的偏差，這有兩個主要途徑，輿論和議會。新聞從業人員和議員本身多半是知識分子，這些人應該發揮知識分子的良知和責任感，為造福社會而盡心力；另一方面，其他各界的知識分子，如教授、律師……應該利用各種方式，或與議會、輿論結合，或獨立行動，扮演知識分子的批判角色，以壓迫決策者為造福社會而努力。權力階層也不應把這種行動看作找麻煩，要知道，我們的目標是一致的，都是為了全社會人民的福祉，只是立場不同，難免有些設想不周的地方。

　　可是知識分子的批判角色，充其量不過為社會大眾代言，再加上一點理想的色彩。

（《中國論壇》18卷 1 期，73年 4 月10日）

愼用專業化知識

知識分子，顧名思義，主要特徵之一是擁有比別人更多或更專的知識。無論是東方或西方的文化傳統，早期的知識都是獨佔的，例如，只有某些人才有權懂得巫術、治病，只有某些人才有權懂得管理政治事務。一般人幾乎沒有機會，也眞的不曉得提出意見，只有奉命行事。

現在教育發達，知識水準提高，知識獨佔的程度可能要低得多，但專業化的傾向還是很明顯。旣然知識專業化了，一般人就不容易，甚至無法了解。例如，政治學者、環境學者、天文學者……彼此都不了解對方的術語，非學者專家又何能了解？臺北火車站前豎了塊閃動數字的牌子，多年如一日，我們就不了解，究竟是噪音合適，還是無法改善？或者根本就爲裝飾之用？

看來，現代的知識，原則上是開放了，每個人都可以努力去獲得他所需要的特殊知識，並且有途徑可循；可是，一旦專業化了，就仍爲少數人所壟斷，豈不是另一種方式獨佔？也許就因爲如此，「專業學者」的會就多起來了，演講會、座談會、討論會、諮詢會……不一而足。委員、顧問的頭銜，就往專家學者的頭上壓。有的主催還事先在電話中約談，打個招呼，說明「借重」之意；有的根本不理會這些，直接頒發「通知」或「聘書」，強迫就範。我們可以把這種方式

叫做知識分子的應召參與，不管當事人有沒有興趣，或是不是專精。知識分子難道就完全沒有選擇或抗拒的餘地？

我毫無意思反對知識分子的擴大參與，實際是相當贊成。不過，知識分子既然靠專業知識說服別人，就必須維持專業精神。這應包含兩個條件：消極的，不對個人非專業範圍內的事務發表意見；積極的，提出專業知識時，必須兼諸理性與良知，爲社會大眾說話。中國的知識分子，自漢以來，一向有較大的發言權，這個傳統，到今天還沒有完全沒落，知識分子應該設法振衰起敝，而不是投靠式的參與。

我個人覺得，有三方面值得去嘗試：

其一、儘量不爲私人利益說話。專業知識對個人的成就和社會發展可能有利，但絕不是爲了保護某些私人利益。知識分子在討論問題時，對這種事應知所取捨，堅持有所不爲的精神。

其二、儘量爲社會大眾說話。現代的技術、法律、政治結構非常複雜，非一般人所能理解，知識分子有義務利用專業知識，爲大眾代言，以避免損害，而使社會獲得更多的利益。

其三、儘量說眞話。求眞是專業知識的基本要求，知道眞相而不說眞話，或不知眞相而亂說話，都不是知識分子所當爲。我們要知道，官員迫於形勢，有時不敢或不願說出眞相；知識分子沒有這種顧慮，說出來對解決問題可能更爲有利。

知識專業化了，固然增加了知識的深度，也使普遍溝通形成困難，但願知識分子善用之。

（《中國論壇》12卷 9 期，70年 8 月10日）

滄海叢刊巳刊行書目 (八)

書　　名	作　者	類　別
文學欣賞的靈魂	劉述先	西洋文學
西洋兒童文學史	葉詠琍	西洋文學
現代藝術哲學	孫旗譯	藝術
音樂人生	黃友棣	音樂
音樂與我	趙琴	音樂
音樂伴我遊	趙琴	音樂
爐邊閒話	李抱忱	音樂
琴臺碎語	黃友棣	音樂
音樂隨筆	趙琴	音樂
樂林蓽露	黃友棣	音樂
樂谷鳴泉	黃友棣	音樂
樂韻飄香	黃友棣	音樂
樂圖長春	黃友棣	音樂
色彩基礎	何耀宗	美術
水彩技巧與創作	劉其偉	美術
繪畫隨筆	陳景容	美術
素描的技法	陳景容	美術
人體工學與安全	劉其偉	美術
立體造形基本設計	張長傑	美術
工藝材料	李鈞棫	美術
石膏工藝	李鈞棫	美術
裝飾工藝	張長傑	美術
都市計劃概論	王紀鯤	建築
建築設計方法	陳政雄	建築
建築基本畫	陳榮美 楊麗黛	建築
建築鋼屋架結構設計	王萬雄	建築
中國的建築藝術	張紹載	建築
室內環境設計	李琬琬	建築
現代工藝概論	張長傑	雕刻
藤竹工	張長傑	雕刻
戲劇藝術之發展及其原理	趙如琳譯	戲劇
戲劇編寫法	方寸	戲劇
時代的經驗	汪琪 彭家發	新聞
大眾傳播的挑戰	石永貴	新聞
書法與心理	高尚仁	心理

滄海叢刊巳刊行書目 (七)

書 名	作 者	類 別
印度文學歷代名著選 (上)(下)	糜文開編譯	文　　　學
寒 山 子 研 究	陳 慧 劍	文　　　學
魯 迅 這 個 人	劉 心 皇	文　　　學
孟 學 的 現 代 意 義	王 支 洪	文　　　學
比 較 詩 學	葉 維 廉	比 較 文 學
結構主義與中國文學	周 英 雄	比 較 文 學
主題學研究論文集	陳鵬翔主編	比 較 文 學
中 國 小 說 比 較 研 究	侯 健	比 較 文 學
現 象 學 與 文 學 批 評	鄭 樹 森編	比 較 文 學
記 號 詩 學	古 添 洪	比 較 文 學
中 美 文 學 因 緣	鄭 樹 森編	比 較 文 學
文 學 因 緣	鄭 樹 森	比 較 文 學
比 較 文 學 理 論 與 實 踐	張 漢 良	比 較 文 學
韓 非 子 析 論	謝 雲 飛	中 國 文 學
陶 淵 明 評 論	李 辰 冬	中 國 文 學
中 國 文 學 論 叢	錢 穆	中 國 文 學
文 學 新 論	李 辰 冬	中 國 文 學
離 騷 九 歌 九 章 淺 釋	繆 天 華	中 國 文 學
苕 華 詞 與 人 間 詞 話 述 評	王 宗 樂	中 國 文 學
杜 甫 作 品 繫 年	李 辰 冬	中 國 文 學
元 曲 六 大 家	應 裕 康王 忠 林	中 國 文 學
詩 經 研 讀 指 導	裴 普 賢	中 國 文 學
迦 陵 談 詩 二 集	葉 嘉 瑩	中 國 文 學
莊 子 及 其 文 學	黃 錦 鋐	中 國 文 學
歐 陽 修 詩 本 義 研 究	裴 普 賢	中 國 文 學
清 真 詞 研 究	王 支 洪	中 國 文 學
宋 儒 風 範	董 金 裕	中 國 文 學
紅 樓 夢 的 文 學 價 值	羅 盤	中 國 文 學
四 說 論 叢	羅 盤	中 國 文 學
中 國 文 學 鑑 賞 舉 隅	黃 慶 萱許 家 鸞	中 國 文 學
牛 李 黨 爭 與 唐 代 文 學	傅 錫 壬	中 國 文 學
增 訂 江 皋 集	吳 俊 升	中 國 文 學
浮 士 德 研 究	李 辰 冬譯	西 洋 文 學
蘇 忍 尼 辛 選 集	劉 安 雲譯	西 洋 文 學

書　　　　名	作　者	類	別
卡薩爾斯之琴	葉石濤	文	學
青囊夜燈	許振江	文	學
我永遠年輕	唐文標	文	學
分析文學	陳啓佑	文	學
思想起	陌上塵	文	學
心酸記	李喬	文	學
離訣	林蒼鬱	文	學
孤獨園	林蒼鬱	文	學
托塔少年	林文欽編	文	學
北美情逅	卜貴美	文	學
女兵自傳	謝冰瑩	文	學
抗戰日記	謝冰瑩	文	學
我在日本	謝冰瑩	文	學
給青年朋友的信 (上)(下)	謝冰瑩	文	學
冰瑩書束	謝冰瑩	文	學
孤寂中的廻響	洛夫	文	學
火天使	趙衛民	文	學
無塵的鏡子	張默	文	學
大漢心聲	張起鈞	文	學
回首叫雲飛起	羊令野	文	學
康莊有待	向陽	文	學
情愛與文學	周伯乃	文	學
湍流偶拾	繆天華	文	學
文學之旅	蕭傳文	文	學
鼓瑟集	幼柏	文	學
種子落地	葉海煙	文	學
文學邊緣	周玉山	文	學
大陸文藝新探	周玉山	文	學
累廬聲氣集	姜超嶽	文	學
實用文纂	姜超嶽	文	學
林下生涯	姜超嶽	文	學
材與不材之間	王邦雄	文	學
人、生小語 (一)(二)	何秀煌	文	學
兒童文學	葉詠琍	文	學

書　　　名	作　者	類	別
中西文學關係研究	王潤華	文	學
文開隨筆	糜文開	文	學
知識之劍	陳鼎環	文	學
野草詞	韋瀚章	文	學
李韶歌詞集	李韶	文	學
石頭的研究	戴天	文	學
留不住的航渡	葉維廉	文	學
三十年詩	葉維廉	文	學
現代散文欣賞	鄭明娳	文	學
現代文學評論	亞菁	文	學
三十年代作家論	姜穆	文	學
當代臺灣作家論	何欣	文	學
藍天白雲集	梁容若	文	學
見賢集	鄭彥棻	文	學
思齊集	鄭彥棻	文	學
寫作是藝術	張秀亞	文	學
孟武自選文集	薩孟武	文	學
小說創作論	羅盤	文	學
細讀現代小說	張素貞	文	學
往日旋律	幼柏	文	學
城市筆記	巴斯	文	學
歐羅巴的蘆笛	葉維廉	文	學
一個中國的海	葉維廉	文	學
山外有山	李英豪	文	學
現實的探索	陳銘磻編	文	學
金排附	鍾延豪	文	學
放鷹	吳錦發	文	學
黃巢殺人八百萬	宋澤萊	文	學
燈下燈	蕭蕭	文	學
陽關千唱	陳煌	文	學
種籽	向陽	文	學
泥土的香味	彭瑞金	文	學
無緣廟	陳艷秋	文	學
鄉事	林清玄	文	學
余忠雄的春天	鍾鐵民	文	學
吳煦斌小說集	吳煦斌	文	學

滄海叢刊已刊行書目 (四)

書名	作者	類別
歷史圖外	朱桂	歷史
中國人的故事	夏雨人	歷史
老臺灣	陳冠學	歷史
古史地理論叢	錢穆	歷史
秦漢史	錢穆	歷史
秦漢史論稿	刑義田	歷史
我這半生	毛振翔	歷史
三生有幸	吳相湘	傳記
弘一大師傳	陳慧劍	傳記
蘇曼殊大師新傳	劉心皇	傳記
當代佛門人物	陳慧劍	傳記
孤兒心影錄	張國柱	傳記
精忠岳飛傳	李安	傳記
八十憶雙親、師友雜憶合刊	錢穆	傳記
困勉強狷八十年	陶百川	傳記
中國歷史精神	錢穆	史學
國史新論	錢穆	史學
與西方史家論中國史學	杜維運	史學
清代史學與史家	杜維運	史學
中國文字學	潘重規	語言
中國聲韻學	潘重規、陳紹棠	語言
文學與音律	謝雲飛	語言學
還鄉夢的幻滅	賴景瑚	文學
葫蘆·再見	鄭明娳	文學
大地之歌	大地詩社	文學
青春	葉蟬貞	文學
比較文學的墾拓在臺灣	古添洪、陳慧樺主編	文學
從比較神話到文學	古添洪、陳慧樺	文學
解構批評論集	廖炳惠	文學
牧場的情思	張媛媛	文學
萍踪憶語	賴景瑚	文學
讀書與生活	琦君	文學

滄海叢刊已刊行書目 (三)

書　　名	作　者	類	別
不　疑　不　懼	王　洪　鈞	教	育
文　化　與　教　育	錢　　穆	教	育
教　育　叢　談	上　官　業　佑	教	育
印　度　文　化　十　八　篇	糜　文　開	社	會
中　華　文　化　十　二　講	錢　　穆	社	會
清　代　科　舉	劉　兆　璸	社	會
世　界　局　勢　與　中　國　文　化	錢　　穆	社	會
國　　家　　論	薩　孟　武　譯	社	會
紅　樓　夢　與　中　國　舊　家　庭	薩　孟　武	社	會
社　會　學　與　中　國　研　究	蔡　文　輝	社	會
我　國　社　會　的　變　遷　與　發　展	朱　岑　樓　主　編	社	會
開　放　的　多　元　社　會	楊　國　樞	社	會
社　會、文　化　和　知　識　份　子	葉　啓　政	社	會
臺　灣　與　美　國　社　會　問　題	蔡　文　輝 蕭　新　煌 主編	社	會
日　本　社　會　的　結　構	福　武　直　著 王　世　雄　譯	社	會
三　十　年　來　我　國　人　文　及　社　會 科　學　之　回　顧　與　展　望		社	會
財　經　文　存	王　作　榮	經	濟
財　經　時　論	楊　道　淮	經	濟
中　國　歷　代　政　治　得　失	錢　　穆	政	治
周　禮　的　政　治　思　想	周　世　輔 周　文　湘	政	治
儒　家　政　論　衍　義	薩　孟　武	政	治
先　秦　政　治　思　想　史	梁　啓　超　原　著 賈　馥　茗　標　點	政	治
當　代　中　國　與　民　主	周　陽　山	政	治
中　國　現　代　軍　事　史	劉　　馥　著 梅　寅　生　譯	軍	事
憲　法　論　集	林　紀　東	法	律
憲　法　論　叢	鄭　彦　棻	法	律
師　友　風　義	鄭　彦　棻	歷	史
黃　　帝	錢　　穆	歷	史
歷　史　與　人　物	吳　相　湘	歷	史
歷　史　與　文　化　論　叢	錢　　穆	歷	史

書　名	作　者	類　別
語　言　哲　學	劉　福　增	哲　　　　學
邏　輯　與　設　基　法	劉　福　增	哲　　　　學
知識・邏輯・科學哲學	林　正　弘	哲　　　　學
中　國　管　理　哲　學	曾　仕　強	哲　　　　學
老　子　的　哲　學	王　邦　雄	中　國　哲　學
孔　學　漫　談	余　家　菊	中　國　哲　學
中　庸　誠　的　哲　學	吳　　　怡	中　國　哲　學
哲　學　演　講　錄	吳　　　怡	中　國　哲　學
墨　家　的　哲　學　方　法	鐘　友　聯	中　國　哲　學
韓　非　子　的　哲　學	王　邦　雄	中　國　哲　學
墨　家　哲　學	蔡　仁　厚	中　國　哲　學
知　識、理　性　與　生　命	孫　寶　琛	中　國　哲　學
逍　遙　的　莊　子	吳　　　怡	中　國　哲　學
中國哲學的生命和方法	吳　　　怡	中　國　哲　學
儒　家　與　現　代　中　國	韋　政　通	中　國　哲　學
希　臘　哲　學　趣　談	鄔　昆　如	西　洋　哲　學
中　世　哲　學　趣　談	鄔　昆　如	西　洋　哲　學
近　代　哲　學　趣　談	鄔　昆　如	西　洋　哲　學
現　代　哲　學　趣　談	鄔　昆　如	西　洋　哲　學
現　代　哲　學　述　評(一)	傅　佩　榮　譯	西　洋　哲　學
懷　海　德　哲　學	楊　士　毅	西　洋　哲　學
思　想　的　貧　困	韋　政　通	思　　　　想
不　以　規　矩　不　能　成　方　圓	劉　君　燦	思　　　　想
佛　學　研　究	周　中　一	佛　　　　學
佛　學　論　著	周　中　一	佛　　　　學
現　代　佛　學　原　理	鄭　金　德	佛　　　　學
禪　　　話	周　中　一	佛　　　　學
天　人　之　際	李　杏　邨	佛　　　　學
公　案　禪　語	吳　　　怡	佛　　　　學
佛　教　思　想　新　論	楊　惠　南	佛　　　　學
禪　學　講　話	芝峯法師譯	佛　　　　學
圓　滿　生　命　的　實　現 （布　施　波　羅　蜜）	陳　柏　達	佛　　　　學
絕　對　與　圓　融	霍　韜　晦	佛　　　　學
佛　學　研　究　指　南	關　世　謙　譯	佛　　　　學
當　代　學　人　談　佛　教	楊惠南編	佛　　　　學

滄海叢刊已刊行書目 (一)

書　　　名	作　者	類　別
國父道德言論類輯	陳立夫	國父遺教
中國學術思想史論叢(一)(二)(三)(四)(五)(六)(七)(八)	錢　穆	國　學
現代中國學術論衡	錢　穆	國　學
兩漢經學今古文平議	錢　穆	國　學
朱子學提綱	錢　穆	國　學
先秦諸子繫年	錢　穆	國　學
先秦諸子論叢	唐端正	國　學
先秦諸子論叢（續篇）	唐端正	國　學
儒學傳統與文化創新	黃俊傑	國　學
宋代理學三書隨劄	錢　穆	國　學
莊子纂箋	錢　穆	國　學
湖上閒思錄	錢　穆	哲　學
人生十論	錢　穆	哲　學
晚學盲言	錢　穆	哲　學
中國百位哲學家	黎建球	哲　學
西洋百位哲學家	鄔昆如	哲　學
現代存在思想家	項退結	哲　學
比較哲學與文化(一)(二)	吳森	哲　學
文化哲學講錄(一)(二)(三)(四)	鄔昆如	哲　學
哲學淺論	張康譯	哲　學
哲學十大問題	鄔昆如	哲　學
哲學智慧的尋求	何秀煌	哲　學
哲學的智慧與歷史的聰明	何秀煌	哲　學
內心悅樂之源泉	吳經熊	哲　學
從西方哲學到禪佛教——「哲學與宗教」一集—	傅偉勳	哲　學
批判的繼承與創造的發展——「哲學與宗教」二集—	傅偉勳	哲　學
愛的哲學	蘇昌美	哲　學
是與非	張身華譯	哲　學

臺灣社會的變遷與秩序—社會文化篇／文崇一著－－初版－－
臺北市：東大出版：三民總經銷，民78
[6]，162面；21公分
ISBN 957-19-0066-4（精裝）
ISBN 957-19-0067-2（平裝）

1.社會變遷—臺灣　Ⅰ.文崇一著
　540, 9232／8642

© 臺灣社會的變遷與秩序
　—社會文化篇

著　者	文崇一
發行人	劉仲文
出版者	東大圖書股份有限公司
總經銷	三民書局股份有限公司
印刷所	東大圖書股份有限公司
	地址／臺北市重慶南路一段
	六十一號二樓
	郵撥／〇一〇七一七五——〇號
初　版	中華民國七十八年十一月
編　號	E 54082

基本定價　叁元壹角壹分

行政院新聞局登記證局版臺業字第〇一九七號

有著作權·不准侵害

ISBN 957-19-0067-2